イタリア・ピストイアの乳幼児教育

子どもからはじまるホリスティックな育ちと学び

星 三和子 著
Hoshi Miwako

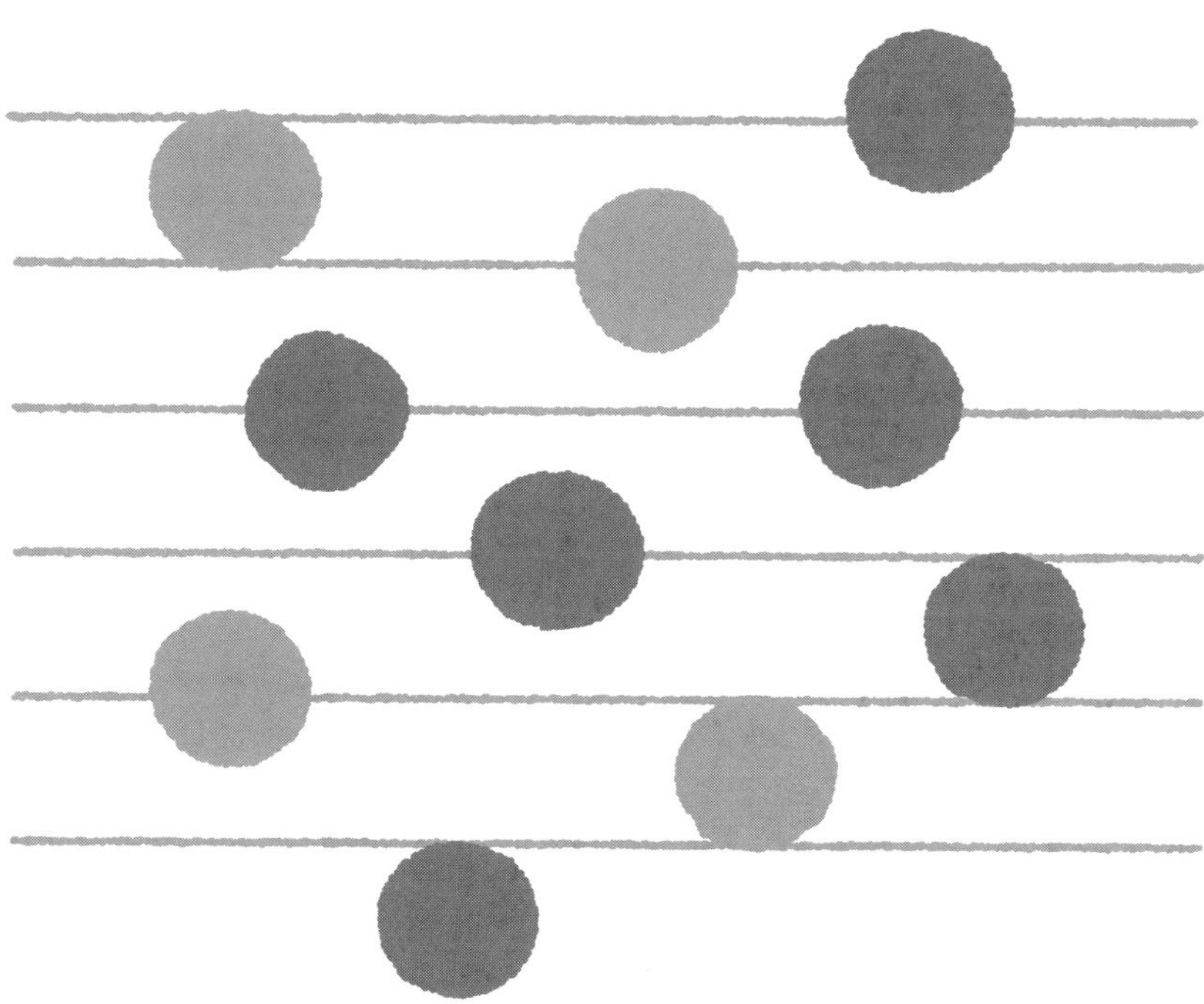

明石書店

はじめに　～ピストイアとの出会いから今日まで～

本書は、イタリアのピストイア市の義務教育前の子どものための教育が、日本の保育園・幼稚園・こども園の先生方の実践に、また将来保育者になる勉強をされている方に、何らかの役に立てればという目的で書かれました。同時に、保育研究および保育行政にも微力ながら貢献できれば、という願いも込められています。

日本と同様に、イタリアでも、子どもと家族をめぐる状況は近年大きく変化しました。家族形態の多様化、女性の社会進出、少子化、地域共同体の崩壊と核家族化による親の育児責任の増大、母親の孤立と子育て支援の必要性の高まり、幼い子どもが仲間と遊ぶ機会の減少。このような社会的背景の下で、０歳からの保育・教育のニーズはますます高くなっています。０歳からの家庭外の質の良い保育が子どもの発達に良好な影響を与えるという研究も、ニーズを高めることに寄与しています。

イタリアの乳幼児教育といえば、レッジョ・エミリアを思い浮かべる方が多いと思いますが、第二次世界大戦後、レッジョ・エミリアをはじめとするイタリア中部・北部のいくつかの自治体が互いに情報交換しながら、それぞれの地域で優れた乳幼児教育を創ってきました。各地域には、発展を引っ張ってきたキーパーソンたちと、かれらと一緒に創り上げてきた人々がいます。ピストイア市ではそれは、乳幼児教育局長だったアンナリア・ガラルディーニさんと若い母親たちでした。そこには、彼女たちの先輩が、戦時中の辛い時代のあとで、民主的な社会をつくりたい、母親が生き生きと働ける職場がほしい、子どもたちに家庭外の質の高い場所を提供したい、という願いを実現しようと格闘してきた先史がありました。

アンナリアさんはジョン・デューイの教育理論をベースにもっていたのですが、ピストイアの乳幼児教育を創る上で、さらにジャン・ピアジェとアンリ・ワロンの理論を取り入れたいと思いました。彼女の友人にミラ・スタンバックさんというワロンの弟子の学者がフランスの国立教育研究所乳幼児部門のトップにいました。スタンバックさんのもとにはイタリアからトゥーリア・ムザッティさんも研究に来ていました。こんな縁で、アンナリアさんたちは、ワロンとピアジェの理論とその関連研究を導入しながら、実践を創ってきました。ローマの国立研究機構認知科学工学研究所（以下、国立認知科学研究所）にいるトゥーリアさんは、ずっとピストイアの教育の理論面の助言者であり、現在も実践研究を教師たちと一緒に行っています。

実は、私はフランス留学中に国立教育研究所でスタンバックさんのもとにおり、彼女や研究員のシルヴィ・レイナさんから、ピストイアの教育がすばらしい、と話を聞いていました。いつか訪問して調べたいという思いは10年あまり後にようやく実現しました。当時の勤務大学の十文字学園女子大学で開かれた日本保育学会第60回大会国際シンポジウムに、アンナリアさんとトゥーリアさんを招き、また大学からの助成金を得て、研究を始めました。それ以来15年以上、元同僚の上垣内伸子さん、向井美穂さん（いずれも十文字学園女子大学教授）と共同で、訪問しては観察研究をしています。本稿は、私見も含め執筆は私一人ですが、3人共同の観察研究に拠っています。さらに、イタリアとフランスの研究者たちの連携で催されたピストイアに関するいくつかのシンポジウムにも参加して、実践研究の情報も得ました。

海外のすぐれた実践を日本のなかにどう消化するかは難しい問題です。文化的・歴史的背景の異なる実践を形だけ日本に導入しても、うまくいかないことも多いでしょう。これまで日本の幼稚園や保育園の先生方に話を聴いていただいた限りでは、ピストイアの教育は、グループ活動が比較的多く、グループへの所属感を大切にしている点が日本と似て、学ぶことが多いという感想が聞かれました。ピストイアの事例を手がかりとして、保育者の方が自身の実践を振り返ったり、何らかの新しい発見をされることを願っています。

本書の構成

本書はNo.1からNo.70までの短いコラムから成っています。第1章から第3章はピストイアの乳幼児教育を理解するための基本的なことや考え方について述べられています。まずは、この部分を読まれることをお勧めします。第4章以下は関心のあること、ここについて知りたい、という項目を、つまみ食いできる構成になっています。また、実践されているなかでちょっと行き詰まったり、別の方法があるかもしれない、というときに関連項目を読んでいただければと思います。

本書の用語について

ピストイア市では、保育園を教育機関と位置づけているので、「保育」ではなく、「教育」と表記します。また、保育園で子どもに直接接して働く職員は、イタリアの国の法律では「保育者」なのですが、ピストイア市では幼児学校と保育園の両方の資格をもつ「教師」と規定しているので、「教師」と表記します。日本については教育とケアの両方と言う意味で、「保育」「保育者」と表記します。

ピストイア市の「乳幼児教育施設」という表記は主に保育園と幼児学校を指し、文脈によっては統合サービスも含むことがあります。「乳幼児施設」は乳幼児と親のための施設を含みます。

本書の倫理上の配慮について

掲載の写真は、私たちの研究チームが許可を得た上で撮影した写真とビデオからの抜粋です。本書への掲載に当たっては、新たにピストイア市当局の許可を得て、顔が見えない写真あるいは顔を特定できないよう修正した写真および子どもの親の文書による許可を得た写真を使用しました。

イタリア・ピストイアの乳幼児教育
～子どもからはじまるホリスティックな育ちと学び～

◎

目次

第1章 イタリアの乳幼児教育の歴史と制度

1 世界の潮流のなかで

乳幼児をとりまく状況は、近年大きく変わってきています。その２つの大きな要因である、社会の変化と研究の発展について、まず触れておきたいと思います。

世界の多くの国で、子どもをめぐる社会状況には共通点が見られます。拡大家族の衰退、核家族化と家族の孤立、子どもの戸外経験の乏しさ、兄弟姉妹を含む同輩同士の交流の機会の減少、ＩＴ機器使用のような室内活動の増加、子どもをターゲットにした商業主義の拡大、さらには家庭の経済・文化格差の増大。これらを補う家庭外の集団的な施設での経験は、子どもの社会化にとって不可欠と考えられるようになりました。このようななかで、各国の乳幼児教育施設は、子どもたちがすこやかに育つための環境をどうつくるかという共通の課題を抱えています。他の国や地域でどんな工夫がなされているか、どの乳幼児教育施設も参考にできることがあるでしょう。国際的な視点で乳幼児教育を見ることは、意義深いと同時に、互いに連帯し協力して改善に向かう道を拓くものです。

もう一つの点、研究の発展についてですが、胎児期から人生初期の子どもについての近年の医学、心理学、人類学他の研究は、子どもについての概念を根本的に転換しました。子どもは弱く受け身で生まれ、大人がすべて教えなければならない存在という、かつての観念は打ち破られました。人間は生まれた時から（あるいは胎児期から）、有能な潜在力をもち、周囲の環境との能動的な関係を築き、自ら学び発達する存在です。この能動性、有能性を土台として、継続的な学びが一生なされる。つまり乳幼児期は生涯発達・生涯学習の土台と見なされるようになりました。

質の良い乳幼児施設に早い時期からいることが子どもの発達にプラスの影響があるという認識は、発達研究によって、ほぼ定着しています。年少児であっても、家庭とは別の環境で自律を獲得し知識を学べること、他児との接触を求め探索活動を共有すること、親とは別の大人との間に安定的な関係を結べること、が証明されています。さらに親にとっても、乳幼児施設が家族同士の出会いや地域社会との接点のような社会適応の場となっているという報告も多数あります。

このような動向のなかで、多数の国で、３歳未満児の保育についての考えが変わったか、変わりつつあります。保育園が母親の就労の間に子どもをケアする場だという考えはもうずっと以前に消えましたが、ケアと教育の関係をどう捉えるかは、国によっても異なります。ヨーロッパの保育先進国では、３歳未満児の教育は重要だということがほぼ一致しています。日本でも新しい保育所保育指針には、３歳未満児の教育が基本概念に入りました。ただ、乳児期の教育はいったい何を目指しどんな内容なのかは、どんな立場から教育を重視するかの主張によって異なっています。

最近の貧困格差の問題、とりわけ、移民と難民、社会で周辺化する若者の増大がもたらす社会不安は、各国で深刻な問題です。この問題の解決に向かう方法の一つが、もっと多くの子どもが乳児期から教育の機会をもつことだ、という声が各国政府やＯＥＣＤなどの国際機関で高まっています。人生の早い時期に対する教育投資は後になっての教育や犯罪防止にかける投資よりも効果がある、という経済学者の主張が受け入れられます。そして、乳幼児の教育にもっと財政支出をする国が増えています。これ自体は大いに歓迎できることです。しかし、乳幼児教育を、将来の社会経済的な成功のため、あるいは社会不安の予防として、つまり、将来への投資手段として見ることには、注意を払わねばなりません。ここで言われる社会経済的な成功とは、学校での学業成績が良いとか、情緒コントロール力やコミュニケーション能力といった「非認知的スキル」のような社会適応能力が高いことです。

たしかに、経済格差の大きい国や移民人口が多い国では、小学校段階から落ちこぼれて将来には社会の周辺で厳しい生活を強いられる人が大勢います。したがって、早期から基礎的な学力の習得を促して、このような人を減らしたいという政策を政府がとらざるを得ない現実があるのも分かります。

しかし、保育者の方々は、投資の手段としての保育の仕事をされているわけではありません。将来の社会生活に役立つ技能だけを教えているわけでもありません。一人ひとりの子どもが全身で満足できる一日を過ごすのを支えること、その毎日が積み重なって全面的な成長を助けることが、保育者の仕事だと思っておられるでしょう。

幸いにして、このように、乳幼児期それ自体に価値があり、乳幼児期にこそ育まれるべきことを重要視する教育をするという考え方の国、地域がたくさんあります。ピストイア市はそうですし、イタリアのレッジョ・エミリア市や他の自治体、北欧の国々もそうです。

乳幼児教育施設で、自己を充分発揮できる遊びの時間をもっている国・地域の子どもたちは、自主性、創造性、高い動機づけのような力を身に付けます。それは決して将来のための準備として学ぶのではありませんが、結果的に、社会のなかで自分を磨き困難を克服する素地となります。身体も頭も目いっぱい使って他児と一緒に遊び生活する充足感は、乳幼児期ならではの経験であり、その経験は自己への信頼感、生きることへのゆるぎない肯定感を育みます。ピストイアの子どもたちの遊んでいるときの顔はそれを語っているように思います。

本書でこれから紹介するピストイア市の教育は、まさに子どもが乳幼児期にこそ培うことのできる、遊びのなかで全身・全精神をフルに発揮して、自分自身を成長させる子どもたちを支える教育です。そのような教育を行っている国・地域の一つの例として、理解していただければと思います。そして、それは日本の保育者が自身も充実し成長できる職業として、喜びをもって実践できる教育の一助となることを、私は確信します。なぜなら、ピストイアの教師たちのなんともいえないやさしい笑顔がそれを物語っているからです。

2 公立乳幼児教育施設の歴史

日本では、イタリアの保育といえばレッジョ・エミリア市が非常に有名です。でも、なぜ「イタリアの保育」ではなくて、一つの自治体の保育なのでしょう？　それは、イタリアが地方分権の強い国だからなのですが、これにはイタリアという国の歴史的背景があります。

19世紀までイタリアという国はなく、ナポリ、サルディニア、トスカーナというように、各地方がそれぞれ国をつくっていて、領土間の争いがあり、18～19世紀にはフランス、オーストリアなどの外国に侵略されていました。１８６０年に国家統一を達成したものの、各地方の覇権は続いて実際には統一といえない状態のなかで、１９２０年代にはムッソリーニのファシスト党が政権を握りました。イタリア共和国として成立したのは、ようやく第二次世界大戦後の１９４７年です。終戦後、北部・中部の都市では、第二次世界大戦中にファシスト党およびナチスへの抵抗運動を闘った市民たちが、復興に目覚ましい力を発揮しました。レッジョ・エミリア、パルマ、ミラノ、ピストイアその他の都市の市民たちです。

このような状況を背景に１９４８年に制定された現憲法は、ファシズム（全体主義）の禁止とともに、地方分権が謳われています。イタリアの地方行政区分は、全国20の州（regione）の下に県（provincia）と市町村に相当する基礎自治体（comune、以下自治体と表記）の階層を成していますが、地方行政府には大きな裁量権があります。教育も例外ではありません。国は国全体としての教育の最低基準を保証し、自治体がそれぞれの力量に応じてそれを行使するという形をとっています。規模の小さい自治体に裁量権があることが、ユニークで優れた乳幼児教育を創り出せた基盤といえます。

３～６歳児のための幼児学校については、カトリック系私立学校の長い歴史がありますが、自治体立の幼児学校が１９６３年にレッジョ・エミリアに誕生し、１９６０年代前半にはミラノ、ボローニャ、パルマ、モデナ、トリノ、ジェノヴァなどに自治体立の幼児学校が設立されました。ピストイア市立幼児学校の設立も１９６４年です（Picchio et al. 2010）。

国の関与はこれより遅く、１９６８年に幼児学校法を制定し、私立や自治体立の幼児学校のない南部と農村地域を中心に国立幼児学校を設立して、ここだけに関わりました。つまり、国立、自治体立、私立の３種の幼児学校ができたことになります。１９６９年の幼児学校教育要領は、最初は国立の幼児学校だけに適用されたものですが、自治体立の幼児学校の教育方針をモデルにしています。クラスの人数、職員の労働時間などについての国の最低基準ができたのは１９８７年ですが、自治体が独自に策定してもよいという付帯事項がついています。このように先進的な自治体がまず実践し、その取り組みを国が後付けする形で制度がつくられてきたのです。

一方、０～２歳児の保育施設は最初から地方行政の領域です。国レベルでは保健省が保育園法（１９７１年）をつくったのですが、地方自治体の管轄で国はタッチしないという法律でした。地方の管轄も、州が許認可権、自治体が運営と教育のガイドラインに分かれました。こうして全国の自治体で公立保育園が誕生することとなったのですが、国の統一基準がないために、現在もまだ保育園数や子どもの定員数などで自治体による格差は大きいままです。ガイドラインも自治体によって異なっていて、教育理念からきっちり述べているものから、ほとんど入園登録説明書かと思うようなものまで、さまざまです。

乳幼児教育に先進的な取り組みをしてきたミラノ、パルマ、モデナ、ボローニャ、レッジョ・エミリア、ピストイアのようなイタリア中央部から北部の自治体は、互いに交流すると同時に、その地域の特色や住民のニーズに合わせた教育を展開してきました。ですから、これらの自治体の実践は、共通性をもちながら、それぞれの独自性があります。

最近は、教育省によって、０～６歳統合政策が２０１５年から進められています。３歳を境に分離していた乳幼児教育を、０歳から就学まで一貫した教育方針に統合する試みで、国が０～２歳児にタッチする大転換です。このモデルとしているのも、ピストイア、レッジョ・エミリア、パルマ、ミラノなどの先進的な自治体ですでに実行されている教育策なのです。法的には3歳までの保育園と3歳以降の幼児学校という制度はそのままなので、なかなか難しいのですが、国は財政・実践の両面で全国の自治体を強力に支援して、実現しようとしています。

3 現在の乳幼児教育制度

イタリアの義務教育は、6歳からの小学校5年間、中学校3年間、高等学校の最初の2年間の10年間です。それに義務ではない3～6歳の幼児学校があります。保育園は3歳未満の子どもを受け入れています。3歳を境に制度が分かれているのは、ヨーロッパでは珍しいことではありません。全国的に普及している乳幼児とその家族のためのおもな施設は、幼児学校、保育園、統合サービス施設です。

(1) 幼児学校 (Scuola dell'infanzia)

幼児学校は3～6歳の子どもを受け入れ、年間35週、月曜日から金曜日まで開かれています。大多数が午前8～9時頃に始まり、14時から16時30分の間に終わります。午前だけ開いている学校もあります。

全国統計（2020年）では、学校の58％は国立幼児学校、12％が自治体立幼児学校、30％が私立幼児学校（宗教関係の団体の運営が多いですが、多様な非宗教的な団体の運営もここに含まれます）です（ISTAT 2020）。ただ、地方によって違いがあり、大都市や先進的な教育を行っている都市では自治体立の学校が多く、たとえばローマ市では60％が市立の幼児学校です。国立幼児学校は、日本と異なって、地方のあまり幼児学校が発達しなかった地域に国が設置したことが始まりです。幼児学校にはほとんどの3～6歳児が通っています。幼児学校の教育費用は国立、自治体立とも無償で、国の財源から支給されます。給食費、送迎バス、放課後活動の費用に関しては自治体の負担で、親は家計収入に応じた額を支払います。私立幼児学校の教育費用は有料ですが、教育内容の基準を満たして認可を受けていれば、助成金で親の負担は軽減されています。それでも私立幼児学校の授業料には、裕福な子どもしか入れそうもない高いところから、慈善的ともいえる少額のところまで、大きな差があるそうです。

大半の幼児学校では、一人の教師が子ども25人の一クラスを半日分（午前あるいは午後）担当します。幼児学校の教師になるには、大学での専門教育で幼児学校教諭の資格を取らねばなりません。

教育省は、幼児学校のナショナル・カリキュラムを作っています。２０１２年に導入された、カリキュラムについての国のガイダンスには、学校の一般的な目標として、「イタリア憲法の原則とヨーロッパの文化的伝統にしたがって、個人内の調和がとれた総合的な発達が、知識の増進、個人の多様性、子どもと家族の積極的な参加を通して達成されること」とあります。ナショナル・カリキュラムが定める幼児学校の教育内容は、「自己と他者」「身体と運動」「イメージ・音・色」「会話とことば」「世界を知る」の5領域です。

(2) 保育園 (Nido d'infanzia)

3か月～2歳の子どものための保育園は地方自治体の管轄で、自治体によって考え方は異なります。どの自治体にも、自治体立保育園、認可私立保育園、無認可私立保育園がありますが、規制とそれが及ぶ範囲は自治体が決めるので、ばらつきも大きいのです。

かつて、イタリアには大家族のなかで幼い子どもを世話する伝統がありました。若い親が両親に子どもを預けることはごく一般的でした。しかし、核家族が一般的になり、祖父母も就労していたり自分の生活を楽しみたい人が増え、また集団保育の良さが認識されるようになって、保育園を望む親が増えています。大家族の伝統があったため、家庭的保育はあまり発達していませんが、大都市では増えています。

しかし、保育園の普及度や保育の質には、地方格差がとても大きいのが現状です。イタリア北部・中部の自治体には、保育園が質量ともに充実しており、該当年齢の子どもの30％以上を受け入れているところがある一方で、南部イタリアでは保育園が非常に少ないという差があります。国としての平均値でみると、0～2歳人口のわずか10％しか入ることができていません。これは国の保育行政の大きな課題です。

保育園の保育時間は週最低24時間、一日は長いところで午前7時から午後7時の12時間ですが、午後3時頃に閉まる園もたくさんあります。一人の子どもについていうと、短い子は午睡前まで、長くても8時間ほどです。夕方は親の勤務が終わってお迎えに行くのには間に合わない時間だと思われますが、両親のどちらかが勤務時間を短くしたり、祖父母が早い時間にお迎えに来ることで、これが可能なのです。もっとも、通勤時間の長い大都市圏の核家族は苦労しているでしょう。

保育園に子どもを入園させたい親は、希望する保育園を自治体に申請し、自治体は優先リストを作ります。保育料は親の収入によって決定されます。保育園は通常、年齢別クラスで、保育士一人当たりの子どもの数は自治体によって異なりますが、平均的には、0歳児は4～5人、1歳児は6～8人、2歳児は8～10人です。保育園の職員は、国の資格としては高校卒業の保育士でしたが、多くの自治体は大学で3年間教育学を修めた人を求めています。最近の法改正により、国の定める資格要件も大学3年間の養成課程を修了していること、となり、２０２１年から施行されています。保育士にはさらに、子どもと接していない時間内での有給の研修時間が確保されています。

（３）３歳未満児のための統合サービス施設

孤立して子育てに困難を感じている母親が増え、幼い子どもは他児と交わる機会が減っています。ヨーロッパ各国での移民の家族の増加はイタリアも例外ではありません。このような親子のために、１９７０年代にミラノで初めて子育て支援施設が設置されました。現在では2種類の施設があります。一つは「子どもと親のセンター」（Centro per bambini e genitori）で、日本の子育て支援拠点と同じように、親子が集い遊ぶための施設です。３か月～4歳の子どもとその養育者（家族でもシッターでも）を対象に、週1日以上、一日3～4時間開かれています。夕方に保育園が閉まったあとに開かれるところもあります。もう一つは「子どものための空間」（Spazio bambini）です。18～36か月の子どもの固定グループを週に2～3日、一日4～5時間受け入れる施設で、多くは保育園のなかで開かれています。子どもが他児との関わりを通して家庭外の社会生活に慣れることが目的で、親は必ずしもいる必要はありません。

これと似ていますが、幼児学校の準備としての施設に、「プリマヴェーラ・クラス（春のクラス）」があります。これは幼児学校入学前の2歳児で保育園に行っていない子どもを対象としており、幼児学校か保育園に設けられています。

第2章

ピストイア市の乳幼児教育の発展と制度

4　中世と現代が生きる街、ピストイア

ピストイア市（Comune di Pistoia）はトスカーナ州にある人口約９万人の中都市です。フィレンツェからの距離は33キロメートルの位置にあります。近隣の都市と同様に、古い歴史的な建物や街並みのある佇まいですが、特に観光都市でもなく、おそらくイタリアでは平凡な風景の町でしょう。

歴史的には、フィレンツェに支配された時代もありましたが、12～13世紀に建てられた城壁と中世の街並みは保存されており、城壁の内側は保存地区で、住民や商店しか車で入ることはできません。しかしこの旧市街は今も市民の生活の中心にあります。城壁の外側のアパートに住む市民が多いのですが、旧市街に買い物に行くことが多いようです。というのは昔領主の館だったところが市役所になっており、その前の広場には週２回、市が立つのです。この市は中世以来続いていると聞いて驚きます。

ピストイア市の主要産業は、一つは鉄道車両の生産で、かつて近郊で鉱物資源が採取されていたのが始まりだそうです。鉱物はパイプオルガンのパイプ製造にも使われ、オルガン製作の工房がありました。日本のオルガン製作者辻宏氏（１９３３‐２００５）がピストイアで製作を行っていた縁で、岐阜県の白川町と姉妹都市提携を結んでいます。もう一つの産業は、私たちがカフェなどで見かけるようなプランターの観葉植

物や植木・花の産業です。周辺には広大な植木農園がトスカーナの山々を背景に広がっており、温暖な気候と相俟って、穏やかな風景をつくっています。

これらの条件は、「中庸なこと」の良さをもたらしているように感じます。フィレンツェほど華々しい大都市ではありませんが、電車で30分と通勤圏内で、それでいてフィレンツェのベッドタウンでもなく、独自の都市をつくっています。世界競争にさらされている大企業はありませんが、ヨーロッパ全土に広く輸出している中規模の企業はそこそこ安定しています。大金持ちの御屋敷も見当たりません（私の見た限りですが）。これらが穏やかで安定した町をつくっていると思います。この住みやすさのおかげで、若者は町を出るよりも生まれた町に留まってフィレンツェに通勤し、したがって3世代近接の住まい方をする人が多いと聞きました。たしかに、市役所前の広場には、祖父母に連れられた子どもたちが大勢見られます。代々この町に住んでいる人が多いことからは、自分の町への愛着をもち、町が自分のアイデンティティである人が多いことが窺われます。そして、乳幼児教育施設の子どもの親自身が卒業生という人も多いでしょう。街に歴史が生きているということは、生活のなかで共同体意識が世代間で無意識的に受け継がれていることと無関係ではないと思われます。「子どもはピストイアの独立した市民である」という市の宣言は、このような風土からもたらされてきているのかもしれません。

地形的にも、山でスキーができ、湖もあり、海も電車で1時間ほどで地中海に出られ、自然を楽しむことができます。市内も森あり池ありで、自然の恵みには事欠きません。私がたまたま行っていたときに、木の上の方が吹き飛ばされたひどい風嵐があったのですが、50年に一度の嵐ということでした。

このような町の環境は、乳幼児教育施設の教師たちの振る舞い方にどんな影響を与えているのだろう、と

ピストイア市旧市街

考えることがあります。日本の保育者の置かれた状況よりも良いとはいえ、収入が特に多いわけでもなく、理想的な職ではありません。しかし生き生きと働き、前向きで楽観的です。開放的で、寛大。良いこと、プラスになることを先に考えて、否定的なことを優先しない。それぞれ皆違っていることは当たり前。良し悪しや優劣を決めるのではなく、それぞれの違いを知って自分の糧とする。困難があればそれを克服することではなく、良い結果を想像して乗り切る。毎日をここちよく過ごすことを考える。

私が訪問者だからということもあるでしょうが、仕事についての苦情も、保護者についての小言も聞いたことがありません。これは労働条件が良いのか、風土なのか、国民性なのか、わかりませんが。

このような教師たちは、毎日接する子どもたちの人間観に影響を与え、子どもたちが成人し親になったときに、自分の子どもに対する接し方にも影響を与えるだろう、と想像します。

5 アンナリア・ガラルディーニさん

ピストイア市の乳幼児教育の創設と発展を担ったのは、幼い子どもの育児真っ盛りの女性たちでした。その中心人物は、乳幼児教育局長だったアンナリア・ガラルディーニさんです。

定年退職してすぐのアンナリアさんにインタビューし、ピストイア市の乳幼児教育の創設期のことを聞くことができました（星他 2014a, pp. 24-40）。

1968年の市長選挙で、それまで教育長だった人が市長に選ばれました。市長は、行政ではなく教育の観点から市の教育行政を率いる人材を公募しました。アンナリアさんはフィレンツェ大学でジョン・デューイの教育論に傾倒し、小学校や高校で教えていたのですが、このポストに応募し、1972年に市役所の乳幼児教育施設担当責任者に就きました。

1968年に国の幼児学校法が制定されたあと、70年代初期は「量」を増やすために幼児学校の新設が相次ぎ、「質」、特に教師の養成は存在しないに等しい状態でした。

そこで、彼女が最初に手をつけたのは教育職員の養成・研修です。その際、「私が選択したことは、教師の間にヒエラルキーをもちこまないことでした」と彼女は言います。「私は民主主義的なやり方を採用しました。教師も親も、誰もが議論に参加しました。これはとても成功しました。誰にも開かれた研修が発展しました」「私の次の目標は、家族との関係の重視でした」（星他 2014a, pp. 25-26）と彼女は続けます。教師と親の間、教師同士の間に良い関係がつくられ、学校は小さなコミュニティになりました。

国は、保育園法を１９７１年に制定したとき、管轄を自治体の福祉局としました。しかし、１９７２年にピストイア市立保育園が創設されるとき、福祉局長は英断をしました。保育園を、福祉部門ではなく教育部門の乳幼児教育局の管理下に置いたのです。この当時、市長をはじめ市役所の行政局長たちはとてもオープンだった、と彼女は言いました。したがって、アンナリアさんは幼児学校と保育園の両方に携わることになりました。

彼女は３歳未満児にも教育が重要だと考えていました。国の保育園法では、親が就労する間に子どもの世話をするのが保育園の目的だったのですが、ピストイア市は教育部門に管轄が置かれたことで、保育園は子どもの教育の場という基本方針をもつことにしました。これはとても革新的なことでした。

ここから、０～６歳の一貫した教育の場としての幼児学校と保育園が出発しました。両者が動き出して、施設環境と教育の内容を具体化するときに、またアンナリアさんのアイディアが光ります。それは「よい審美感覚の教育」ということでした（No.15参照）。

保育園の職員を幼児学校の教師と同等の位置に置き、同等の職業的質をもつことも、アンナリアさんが主導しました。両者の高い資格、共通の職場研修、両者間の職場配転が可能な制度を彼女は次々と実施しました。市民も保育園への認識が変わりました。

教師の間にヒエラルキーをつくらない、というアンナリアさんの信念は、「チームによる協働」という形を生みました。何かを決めるときには協議し、一人の責任者が全体統括をすることをしない、責任は分担する、加えて、調整役として教育コーディネータというポストを市役所に新設する、というものでした。

さらに、彼女が初等教育局長のソニア・イオゼッリさんと一緒に創った施設に、「アレア・バンビーニ」があります。乳児から小学生まで、学校からも家庭からも利用できる市営の施設です。

アンナリアさんから生まれた、さまざまな教育の制度、考え方、方法は、本書のなかで個々のトピックとして取り上げます。

現場の教師たち、市役所の職員たち、親たちはアンナリアさんを信頼し尊敬して、一緒に発展させてきました。間違いなく、彼女はピストイア市の乳幼児教育の指導者です。しかし、彼女はカリスマになることを拒否します。それは、謙遜からではなく、乳幼児教育はチームで取り組む仕事であり、多くの人々の協働によって創られるべきだという信念をもっているからです。

こうして、子育てと仕事の両立に共に苦労しながら、子どもと親たちのために働いてきた同世代の仲間も彼女も、ここ10年間でほとんどが定年を迎えました。次世代である現在の教師たちは、これらを既定の路線として受け継ぐのではなく、新しい活動や方法を試みることで、創設期の熱意を発展させていく努力をしているのが見られます。

6

子育て世代の女性たちの情熱

ピストイア市の公立幼児学校の誕生は１９６４年、保育園は１９７２年ですので、日本に比べると古くはありません。その発展の中心である乳幼児教育局長のアンナリア・ガラルディーニさん（№５）とともに働いてきたのは、初等教育局長のソニア・イオゼッリさん、教育コーディネータのドナテラ・ジョヴァンニーニさん、アントニア・マスティオさん、マリア・ラウラ・コンティーニさん、幼児学校のアルガ・ジャコメッツリさんをはじめとする教師たち、アンジェラ・パランドリさん他のアレア・バンビーニの教育職員たちです。彼女たちのほとんどが、幼い子どもの育児と仕事の両立に奮闘した人たちです。というのは、60～70年代には女性運動が高揚して長い育児休業を勝ち取ったものの、それが逆に女性を家庭に縛り付けることになったからで、そこで彼女たちは０～２歳児対象の保育園設置の運動に立ち上がったのです。

彼女たち創設世代の多くは最近定年退職を迎えましたが、まだ現役時代にインタビューして、生の声を聞くことができました。

イタリアの１９７０年代は変革の熱い空気に包まれた時代だった、と創設メンバーのアンジェラさんとドナテラさんは、次のように証言しています（星他 2014a, p. 134）。

アンジェラ「イタリアでは70年代は特別な時代でした。社会的にも文化的にも経済的にも、とても活発でした。教育の分野でも、進歩主義の教師がたくさんいました。ここピストイアで生まれたいくつかの新しい学校は、こうした革新の理想の影響を受けていました。それから、時代とともに、変化し成長していきましたが、いくつかの特徴は残りました。今の教育の特徴はあの時代から来ているのです。」

ドナテラ「実りの多い時代でしたね。生き生きしていました。」

アンジェラ「そうですね。ほんとうに、すばらしかった。」

ドナテラ「民主主義も。」

アンジェラ「研究も。研究者たちが調査のために学校に来て、それまでの子どもたちのイメージを変えようとしていました。そこで、子どもたちやその家族、社会的な運営、環境への配慮に対する注意や改革が生まれたのです。これらは、変化し成長しながらも、基本的には今も残っています。」

このような時代背景のなかで、１９７１年の保育園法の成立について、アンナリアさんは以下のように書いています。

「70年代初頭、その時代は文化的にも政治的にも積極的に社会サービス、女性の就労、多種多様な民主的な参加などに多大な注意が向けられ取り組まれた時期であった。それは子どもに関する問題にとって幸福な季節で

> あった。……子どもたちは、政策改革の機運の恩恵を受けた。伝統的には家庭の問題、とりわけ女性の問題とされていた乳幼児期の教育に国家が初めて取り組むべく、法律が制定されたのである。これはその時代には革新的な法律だった。」（Galardini 2003, p. 13）
>
> 「市立の幼児学校と保育園は、我が国の１９７０年代の沸き立った状況のなかに完全に入り込んでいた。この時代は、幾つかの自治体で噴出した教育施設の変革の熱意から生み出された、ユニークな経験を多数創り上げたが、それは職員チーム、保護者、共同体の結束によるものだった。この日々は学校と乳幼児教育施設の生活での参加モデルに決定的な役割を果たした。」（Galardini 2020b, p. 33）

この情熱に溢れた時代背景をもって保育園が誕生したことは、ピストイア市の教育を考えるときに欠かせないことです。保育園法は、地域住民、親、教育者、市の職員の、現場や生活のなかから生まれた強い願いと、自分たちこそがそれを具現化するのだという主体的な意思から実現したのです。この熱意こそが、それ以降の乳幼児教育を支えるエネルギーになりました。

ただし、１９７１年の保育園法の目的が、女性の労働への参加を促進するために子どもを預かる、としか謳っていなかったことは、大いなる限界でした。保育に欠ける子どものためではなく、子ども自身の発達のためという、保育園の定義づけ。この転換を推進したのも女性たちのパワーでした。

将来を担う子どもたちのベネッセーレ（ウェルビーイング）と発達への熱い願いをもって、教育を創っていくのを維持していくことは簡単なことではありません。この創設世代の人たちは、次世代の教師にそれを繋ぐことにも熱意をもっています。

7　0歳から6歳までの一貫した教育をつくる

イタリアの国の法律では0～2歳の保育園と3～6歳の幼児学校に分かれており、行政の管轄も保育園は自治体、幼児学校は教育省と分かれています。

ピストイア市は市立幼児学校が増設され市立保育園が創設された70年代初頭に、0歳から6歳までの一貫した教育の機会を提供するという政策を打ち出しました。自治体がこの政策を採用したのは画期的なことでした。当時の最先端の研究から生まれた、「子どもは生まれた時から能動的で、社会的な能力をもち、他者との信頼関係や仲間との相互関係を築く潜在的な力をもっている」という子ども像がその根拠になりました。この潜在力が外に現れるための適切な環境を提供し、市民としての子どもたちの発達を支えることが重要だと考えられたのです。とりわけ、市立保育園を親の就労のためでなく子どもの教育の場にするという基本構想がつくられたとき、国の法律に逆らって保育園と幼児学校を一元化するかどうかの議論があったと聞いています。決定されたのは、制度としては0～2歳の保育園、3～6歳の幼児学校と分離しながら、連続性のある教育環境をどちらにも確保する、というものでした。アンナリアさんはインタビューのなかで回想しました。

「私にはある直感がありました。保育園制度がまだ若くて議論もまだ新しい時期に、幼児学校と保育園を制度として一つにすることはよくない。両者の関係は維持しながらも、保育園と幼児学校は対象年齢が違うぶん、省察すべきことは違うと考えたのです。」（星他 2014a, p. 26）

保育園制度が導入されたばかりの頃のイタリアでは、保育園は幼児学校よりも低く見られていました。保育者の養成も少なく、ただ子どもを預かって世話をする仕事と見られていました。そこで、アンナリアさんたちは、保育園を幼児学校と同じ位置に引き上げて、質の高い教育環境を整備することが必要だと考えました。そのためには、保育園を幼児学校よりもむしろ高い位置に置くことを目指して、強力なテコ入れをしなければならないと考えました。

特に力を入れたのが、職員の採用、労働条件、研修、待遇の面です。国の制度では、幼児学校教諭と保育士の初期養成は別であり、幼児学校教諭は小学校教諭と同じく大学卒なのに対し、保育園の教育職員の養成課程に国の規定はなく、自治体が決めることになっていました。自治体の養成課程では、高校か専門学校での養成レベルが多かったのです。そこで、ピストイア市では、保育園教育職員も幼児学校教諭の資格をもつこと、つまり大学卒を採用条件にし、同じ待遇にしました。

この間の事情をアンナリアさんは以下のように説明しました。

「市が中央政府からの財政支出援助を望むならば、養成についての国の法律も尊重しなければなりません。そこで保育園職員の公募をするときに、幼児学校教諭の資格を条件に入れました。保育士の資格だけで幼児学校教諭の資格をもっていない人を排除せざるを得ませんでしたが、これは我々の選択ですし、適正な選択だと思っています。」（星他 2014a, p. 32）

これによって、保育園と幼児学校の相互理解が深まり、職員間の交流もスムーズになりました。「両方で働く経験によって、０歳から６歳までの広い視野をもつことができますし、保育園と幼児学校の状況を相互に反映させることができます」とある幼児学校の教師は語りました。

教育コーディネータのドナテラ・ジョヴァンニーニさんはこの制度づくりを担った一人で、教育理論と実践の発展に貢献してきました。彼女によれば、幼児学校と保育園の教師たちが同じ目的を共有しながらも、別々の場で各年齢の子どもに適した教育を創れることを、アンナリアさんは見通していました。そのために、教師たちが話し合う機会を多く提供し、互いに理解して共通のフィールドを創り出していきました。

このことは、行政が決めて現場に下ろすのではなく、現場の教師たちが共同でつくり上げることのできる人間関係を築いたことも意味します。教師たちが協働して教育を創り上げる風土は基本的な柱になりました。

２０１５年から、国は「０～６歳統合政策」を定めました。これによって、０歳から６歳の統合した子ども政策を全国的に推進しようとしています。これはピストイア市や他の先進的な自治体の実践がモデルになっています。

8 ピストイア市の乳幼児教育制度の概要

ピストイア市の乳幼児のための主な教育施設は保育園と幼児学校ですが、その他に、「統合サービス」という制度があります。これらの概要を説明します。

⑴ 幼児学校（Scuola dell'infanzia）

対象児は、６歳からの義務教育前の、３～６歳（入園時３～５歳）児。教育の大枠を示す国の教育要領の土台の上にどのような教育を築くかは学校の設置母体が決めます。市立が７校、国立が18校、私立（教会立）が８校あります。ここでは市立幼児学校について述べます。

○ **制度、運営**：国の基準に従っています。

○ **教育方針**：国の教育要領で示されている教育――中心は遊びで、集団での遊びや自発的な遊びを通して充実した日々を生きる。良い環境、質の高い空間の提供に努力する。自己をつくり表現し能力を発揮できる条件を促す。子どもの要求を尊重し、ここちよい雰囲気をつくることに配慮する。（市のホームページ www.comune.

pistoia.it）

○**開設時間**：8時30分から16時30分まで。給食があります。昼食後に帰宅あるいは休息や午睡をして夕方に帰宅。

○**教育職員の資格**：小学校教諭と共通の資格。従来は大学（3年制）修了が要件でしたが、国の法改正により2022年に新養成制度が施行され、大学での養成期間は5年間（うち実習600時間）となります。

○**子どもと教師の人数比**：子ども9人対教師1人。3歳、4歳、5歳とも複数担任で、各クラス2～3人の教師。クラス全体の他、小グループに分かれて活動します。

○**クラス編制**：基本的には年齢別クラスですが、異年齢クラス編制の学校もあります。

○**障がいのある子どもへの特別支援**：視覚、聴覚、身体など障がいのある子どものうち、非常に特殊な配慮を必要とする場合以外は、通常の幼児学校で受け入れ、加配職員がつきます。実際、ほとんどの子どもが通常の学校に通っています（No.57）。

○**申請方法**：学区制で、親が市役所に登録申請すると住所近くの学校に許可されます。登録申請書には父母の情報の他、祖父母の住所氏名の欄があります。

○**親の費用負担**：無償（国管轄のため）。自治体管轄の給食費、送迎バス代には親の負担分があります。

○**利用率**：該当年齢の子どものほぼ100%。

（2）保育園（Nido d'infanzia）

0～2歳児のための保育園は、市立保育園が6か所、認可私立保育園が6か所、その他無認可私立保育園があります（2022年現在）。ここでは市立保育園について述べます。

○**位置づけ**：「子どもの教育、成長とベネッセーレ（ウェルビーイング）を促す場。家庭を援助する場。すべての子どもに開かれている。」（市のホームページ www.comune.pistoia.it）

○**教育のガイドライン**：日本の「保育所保育指針」に相当する国の指針はなく、０歳から小学校卒業までの子どもを対象とする「教育憲章」があります。

○**子どもの受け入れ年齢**：生後３か月からの園と12か月からの園が半数ずつ。

○**開設時間**：朝は7時30分に開園。閉園は15時30分もしくは17時30分から18時。15時30分以降は延長保育。実際には昼食後に祖父母のお迎えも多く、地域によって異なるものの、延長保育をする子どもはそう多くはありません。

○**教育職員の資格**：従来は自治体が資格要件を定めていたので、ピストイア市では、養成大学（３年制）を修了して幼児学校教諭の資格をもっていることが要件でした。しかし、国の０～６歳統合政策（№.７参照）によって、資格制度は２０２１年に国に移管されました。保育園教育職員の新資格要件は大学３年間で、ピストイア市にとっては変更がありませんが、幼児学校教諭の資格が２０２２年から大学で5年間の養成と変更されたために、保育園教師は幼児学校教諭よりも養成期間が短いことになりました。ピストイア市が今後も、保育園教師に幼児学校教諭の資格を求めるのかどうかはまだわかりません。

○**子どもと教師の人数比**：0歳児は5対1、1～2歳児は7対1、2～3歳児は9対1。

○**クラス編制**：ほとんどの園が年齢別クラス、異年齢クラスを実施している園は少数。各年齢1～2クラス。1クラスの子ども数は、０歳児が10～15人、１歳児が14～21人、２歳児が18～36人。したがって、教師数は、０歳児の担当が2～3人、１歳児の担当も2～3人、２歳児の担当は2～4人。

○**申請方法**：親は市役所に希望する保育園を申請し登録します。登録申請書には、子ども、親の情報の他、祖父母の就労時間の欄があります。
○**保育料**：親の収入によるスライド制で、月220～520ユーロの範囲。低所得家庭は無料。
○**利用率**：市全体の３歳未満人口の27％で、他に、週1～2日あるいは一日数時間の子どもが7％。これはイタリアのなかでも非常に高い割合ですが、なお待機児童がいます。

（3）統合サービス

統合サービスは、保育園に行っていない子ども対象の施設や、時間外のサービスで、次の施設があります。

（a）**プリマヴェーラ・クラス**：保育園に通っていない2歳児が、幼児学校に入る前の慣らしのためのクラスで、幼児学校または保育園のなかにあります。
（b）**遊び空間**：生後18～36か月の、保育園に通っていない子どものための一時保育です。
（c）**アレア・バンビーニ・ロッサ**（No.70）：日本の子育て支援拠点と同様の施設。0～3歳の子どもが親と一緒に利用します。子どもは他の子どもと遊ぶ社会化の機会、親は他の親と交流したり育児についての相談をする機会になります。

9 ピストイア市の教育理念「教育憲章」

日本の「幼稚園教育要領」に相当する文書は、イタリアでは国立幼児学校については国が、自治体立幼児学校については、国の教育要領をベースにして、自治体が出しています。「保育所保育指針」に相当する文書は自治体が出しています。

ピストイア市は子ども政策が最重要課題の一つで、ユニセフが１９９６年に「子どもにやさしい都市事業」（Child Friendly Cities Initiatives）を始めたときに、真っ先に指定を受けた自治体です。

ピストイア市の「教育要領」は「教育憲章」という名称です。これは0歳から小学校卒業（10歳）の子どもについての教育理念を述べたもので、２００５年以来現在も教育の基本になっています。子どもは主体的な市民であると位置づけ、市全体が子どもの教育を担うことを教育行政の柱とし、教師、親、行政関係者、さらに一般市民を巻き込んで、教育についての討議を重ねた成果としてつくりあげたのが、この「教育憲章」です。

市のホームページ（www.comune.pistoia.it）から乳幼児に関わる部分を抜粋して要点をまとめました。

（1）乳幼児教育施設での教育の基本原則

①　教育現場の組織化の原則

・平等性：養成課程、個人と集団の尊重における平等。
・多様性：集団の多様性、個々の子どもの成長のリズムや能力の違い、文化の多様性の尊重。
・共有性：子どもの家族、職員、市民の間の共有。
・透明性：入園・入学・登録等の基準、教育計画の選択、評価結果等の公表、説明責任における透明性。
・一貫性：時間の組織化（日、週、月、年）、個人活動と集団活動への時間配分と配慮の一貫性。
・連続性：子どもと大人の数の関係、新しい状況への慣れなどの連続性。

②　職員に関する原則

・自主性：職員の職業性・同僚性・教育的活動における自主性。
・採用：厳格な職員採用。
・職能開発：適切な研修、職員の協働と自己評価などによる職能開発。

③　教育の中心としての子ども

市と施設の歴史に根差した子どものための教育の発展は、関係者（行政、現場、親）の間の議論に基づき、また科学的研究の知見からの情報を得て、日々の職員の自己評価、経験の共有、比較、交流、出会いのなかで行われる。

(2) 教育の鍵となる概念

日常生活の場は、子どもの潜在能力が、それを認めて支える状況があるならば、いかに開花しうるかを理解するうえで、素晴らしい機会を提供する。

① 生活と文化の場としての市全体が、子どものためのサービスの場であり、その教育のリソースを構成している。すべての市民が教育に責任をもつ。乳幼児教育施設は生活の場であるとともに、個々の子どもが経験を拡げ、自らの支えを見出す場である。子どもの認知、情緒、社会性、自己などの全面発達が重要と考えられ、そのために、好奇心と探索心、同輩との能動的な関係、大人との対話、大人の寄り添いと傾聴がその基盤に置かれる。

② 教育は子ども主導でなされる。

③ 教育は子どもの美的感覚を豊かにする。そのため施設環境に配慮し、子どもが芸術文化に触れられるようにする。

④ 教育は子どものためのみならず、大人のためでもある。教育職員は常に職能向上に努めなければならない。

⑤ 職員の研修においては、大人同士、子どもと大人、子ども同士の関係における協働と傾聴、安心に関する事柄が基本にある。

⑥ 乳幼児の教育にはその独自性がある。市の教育のどの段階も自律的であり、より上位の教育機関のための準備ではない。

⑦ 職員も親も、その教育能力を構築することによって、子どもの発達の連続性を保障する。家庭の参加は相互理解と実践を保障する。

(3) 市の教育の基本方針

乳幼児教育は、子どもを温かく迎え入れるという基礎のうえに、探求心・好奇心・思考力をもち、困難に立ち向かい、自分の行動を決めることができ、同時に協調性をもった子どもを育てることを目標にしている。このために5つの柱がある。

① 自然や外部の環境に開かれ、町と一体となった開放的な空間を作る。
② 温かい環境を作る。
③ 大人は子どもの成長を傍らから支援する。
④ 美的感覚を養う。
⑤ 家庭の参加を促す。

また、施設が考慮すべき条件は以下である。

① 子どもたちの目線で考えられた居心地の良い生活空間
② 子どもが自分は大切にされ受け入れられていると感じる空間
③ 子どもがその創造性を刺激され自らの考えを発揮できる空間
④ 子どもたち同士の共同生活の場

10 ３歳未満児施設のための市の条例

イタリアでは、３歳未満児のための施設は自治体の管轄下にあります。ピストイア市には、３歳未満児が家庭外で他の子と交流できる場は、保育園以外にも、親子で利用する子育て支援施設（No.70参照）、18～36か月の子ども対象の遊び施設などがあります。家庭的保育はあるものの、あまり普及していません。

ピストイア市の条例で、保育園を含むこのような乳児サービスが拠って立つ現行の条項（２０１１年３月21日No.48法令）を見てみましょう。

ピストイア市役所は、次のニーズを認識する。

・０～３歳児（幼児学校に入るまでの年齢を指すので、２歳でなく3歳となっています）のための、質が高く信頼性のある教育サービスを市の全域に保証する。

・０～３歳児の教育サービスへの平等なアクセスと等質な施設を保証する。

第１条：乳児サービスの種類

（ａ）保育園、（ｂ）統合サービス：子どもと親のためのセンター、教育的遊びセンター、（ｃ）家庭的保育、

（d）企業内保育園、（e）遊び活動ができる施設

第2条：制度の目的

①子どもの教育サービスは、家族との緊密な協働により、子どもの潜在力の十全で調和のとれた発達を推進する。

②これらの目的の遂行は、子どもに関する以下の認識に基づく。子どもは、社会的能力と個々の独自のアイデンティティのもち主であり、自己の経験の能動的な主人公であるという権利をもつ。そして関係のネットワークのなかで発達し、個々の潜在性を十全に実現することを促される。

③この目的の遂行はまた、施設と家族の緊密な統合によってなされる。家族は教育サービスの共同の担い手であり、それぞれの文化と価値をもち、施設で行われる活動に参加し、共有し、情報を与えられる権利を有する。

④この目的の遂行はまた、労働市場における男女の機会均等、両親の責任の分担に関する政策の実行にも貢献する。

⑤教育施設の機能には、地域の他の教育施設や学校、文化・福祉・保健サービス、子どもに関係する他の施設や部局との連携の推進が含まれる。

⑥子ども対象の教育サービスは、子どもの文化の創出や普及の場所であり、市民としての子どもの権利意識の普及に寄与する。

ここから注目される点を3つ挙げます。

第一に、「教育サービスへの平等なアクセスを保証する」というのは、親や家庭の状況にかかわらず、施設はすべての子どもに開かれているという意味です。保育園も、就労している親のためではなく、子どものためにあることが、主体としての子どもの位置づけという文章に繋がっています。

第二に、子どもは独自のアイデンティティをもつこと、自己の経験の能動的な主体としての権利をもつこと、他者との関係ネットワークのなかで発達すること、という3点を、社会共通の認識にしよう、というメッセージが示されています。このことは、「市民としての子どもの権利」という表現に結実しています。子どもを家庭に従属する存在としてではなく、一人の独立した市民として認め、市民としての権利を保障する、という考えです。これは国連の「子どもの権利条約」に則っています。幼い子どもは家庭に属し、親が責任をもつべきと考える傾向の強い日本との違いが明らかです。

第三に、「教育サービスは市民としての子どもの権利意識の普及に寄与する」という点です。これは、子どもに対して権利意識について教育すること、家族にも子どもの権利の考えを普及させること、市民に子どもの権利を知らせること、という3つの役割を乳児サービスが担うことを謳っていると解釈できます。

ピストイア市の法的な文章は、教育憲章と並んで、このように非常に理念的で、ある意味で教育の理想を掲げています。

第3章　ピストイアの乳幼児教育の基本的な考え方

11 まず子どもから始まる

保育者が教育・保育をどう構成するかを決めるとき、一般的なのは、各年齢の子どもの発達や学びについて目標を決め、プログラムを作り、その計画に沿って実践を進める、というやり方ではないでしょうか。実践がプログラムに叶っていたか、子どもの変化が目標にどれだけ近づいたか、を見極め、うまくいっていないならば、実践方法を改善するか、プログラムを変えるかするでしょう。

ところが、ピストイアのやり方は違います。教育の中心として最も重要な遊びのなかで、まず、子どもの自発的な関心が何かを観察し、それがどのように現れるかを把握し、その関心がより発展するのを支援する、という形をとります。つまり、「子どもから始まる」のです。

子どもを観察することから始まる、といっても、前年度に子どもを観察したことをもとに年間プログラムを作り、それに従って実践する、というのとも少し違います。たとえば、「光と影」「転がる物」のように子どもが興味を示したことの観察を出発点として、決まったゴールと道筋を設定せずに、興味の発展のプロセスを追求するのです。

では、子どもの興味が発展するのを支援するとは具体的にどういうことでしょうか。

教育現場では、一見すると、教師たちが誘導していると思える場面をしばしば目にしました。私たちが観察していたとき、教師が素材を用意して子どもたちを導いている場面について、なぜその素材を選んだのですか、と尋ねると、必ずといってよいほど、「Aちゃんがその前にそれをじっと見ていた」などと、そのときよりも以前に子どもが自発的に興味をもったことに注目し遊びが発展する可能性を考えて環境を加えた、というような説明がありました。年間計画はないのですか、と尋ねると、「年度の始めにはなくて、子どもの遊びからだんだんテーマができていきます」「前年度の活動から今年度のおおまかなテーマを決めることはありますが、プログラムをきっちり決めることはしません」というようなことばが返ってきました。

室内遊びの場合、子どもたちの興味は部屋にある素材に必然的に限定されますが、素材をどう組み合わせどう使うかは子どもたちの自由で、そこには教師の予測を超えた子どもたちの力が発揮される可能性があります。まして、施設の外に探索に行くときは、子どもが何に興味をもつか予想できません。そして、大人があらかじめ想定したことを超えた創造性こそ大切なのだと教師たちは考えています。それを見つけ、発展できるように手助けをするのが教師の役割というのは、考えてみれば、特別のことではありません。既定のプログラムのレールの上を進むように導くのでは、大人は予測する範囲でしか子どもの力を見ることができませんから。

大人の介入については、「釣り針を投げる」という比喩表現がなされています。大人の投げかける環境が子どもの注意を惹くとは限りません。介入は「大人の努力の探索的な性質を表している。それは、教師が自らの提案を放棄することもあり得ることを意味する。むしろ子どもたちの提案を充実させることを選び、彼らの提案をさらに発展させるための要素を提供する」（Musatti et al. 2018, pp. 149-150）というのです。

このように、「子どもから始まる」ためには、教師が子どもたちを観察する視点が大切です。たとえば、子どもが何かを見つめている状態や繰り返しているときには、子どもの心のなかに、興味、探求、発見、驚き、不思議の気持ちのような強い情緒的な状態がしばしば起こっています。それを読み取りどう発展させるかが教師に要求されます。ピストイアの教師たちは、「すること」だけでなく、「しないこと」にも注意を向ける、と言いますが、同じものにじっと視線を向けてぼーっとしているように見える子どもに対し、別のことに目を向けさせようとせずに、心の中で何を感じているのだろうかと思いやると、別の姿が見えてくるのではないでしょうか。集団から離れて一人で同じ遊びを繰り返している子どもに対しても同様で、教師は仲間との遊びに誘うのではなく、その意味を探ろうとします。

大人が見逃してしまいがちな日常のたくさんの現象が子どもには驚きの対象になりえます。最近の著作から例を借りれば、「机から滑り落ちる物、鏡に映った自分の脚、窓の前を通り過ぎる猫、庭のかたつむり」(Musatti et al. 2018, p. 149）など。ピストイアの「子どもから始まる」の考えは、大人の既成概念を超える子どもの豊かな想像性、創造性の発達に大人が敬意を払うことから出発するのです。すると、大人も子どもと一緒に遊んで感嘆したくなり、それを他の子どもにも伝えて共有したくなるでしょう。

次に挙げるのは、ラゴマゴ保育園２歳児クラスを観察したときのエピソードです。観察の翌日に、子どもへの働きかけの意図を担当教師のカティアさんに伺いました。

一人の子どもＡが棚から双眼鏡を取って彼女のところに持ってきました。キャップを取ってあげて、窓際に行きました。Ａは低いところを見ていたので、カティアさんは空を指して、高いところを見てごらんと言い、Ａは空を見ました。他の子どもたちもやってきて、順番に見ているうちに、空の雲や太陽の光が動いて

いきました。カティアさんも一緒に双眼鏡で見えた空の変化に感嘆し、楽しみ、その気持ちをもう一人の教師に「この双眼鏡で私たちは木や雲やなんと太陽まで見えたのよ」と伝えました。そこで、彼女は雲や天気が時間とともに移っていくことを教えたいと思いました。双眼鏡が終わって机に座る時になって、彼女は時間の流れが視覚的に分かる砂時計をこの子どもたちの前に置き、子どもたちと一緒にじっと砂が落ちるのを見ました。

子どもの興味から活動を構成するには、保育者に相当の専門的な能力が要求されます。ピストイアの教師たちは毎日子どもたちを観察し、それを週末の週報作成の会議で検討することを繰り返して、その技能を磨いています。その努力の見返りは何といっても、子どもとともに日々新たな発見をする喜びなのです。

12 環境構成のたいせつさ

「環境を通しての教育」は日本の乳幼児教育の基本の一つですが、ピストイアの教育でも同様です。本項では施設内の環境についてとりあげます。

「空間は、メッセージをもち、伝達し、そこに住む人の価値観や文化を表現する。教育空間は、教師が子どもについてもっている考えを映し出し、プロとしての能力の深さを説明する」と、アンナリアさんは書いています（Galardini 2005, p. 45）。

これは、物理的な環境は教育理念を具現化するものであるべきだ、という意味です。

彼女はさらに、良い施設環境の条件について、以下を挙げています（Garaldini 2001; Garaldini & Giovannini 2001, p. 94）。

○子どもにとって理解しやすく予測可能な環境であること。具体的には、部屋にある遊具の配置がいつも決まっていて、そこに行くと何ができるかが分かっている。また、前日に遊んだことを翌日そこで再開できるような空間がある。ピストイアでは各クラスの部屋の壁面いっぱいにオープンな棚があり、遊具の置かれた位置が決まっているので、子どもたちは好きな物を取って遊ぶことができます。

○個々の空間に意味が与えられており、子どもが自分の行動を決めやすいこと。昼食の場所、午睡の場所、遊び活動の場所がそれぞれの機能に添って独立している。寝室や食堂はもちろんのこと、遊びの空間についても、本の空間、ごっこ遊びの空間、絵や造形の空間、楽器の空間のように独立しています。そのため、子どもたちの移動も気持ちの切り替えもスムーズにできやすいのです。

○視覚的にも聴覚的にもストレスから守られ落ち着いていて、子どもがここちよく安心していられる空間であること。逆に大きな空間は居心地が悪く、子どもに方向を失わせるとも述べられています。日本でいうならば、ホールでは子どもは居心地が悪いということでしょう。小集団で活動するので、そのために空間をどう区切るかについての配慮も大切です。小集団の活動に最適な空間の広さは、子どもたちの相互作用を妨げるほどには大きくなく、なおかつ導線が干渉せずに、出会いと交流ができるような空間という意味だと思われます。

施設の美的なここちよさについては、別項（No.15）で述べますが、全体として柔らかい（時々アクセントに強い色を交えた）色調と静かな音環境は非常に配慮されています。美的な空間とは、子どもが好奇心や探索心を刺激され、知識を得たり創造したくなる空間です。教師は、子どもが発見し想像するためのいろいろな素材を使った活動を用意しますが、知識を直接伝達するのでなく、子どもが自分から知識の探究をしたくなるような環境をつくるべきだと考えます。これについては、素材の項（No.30〜32）で述べます。

環境づくりの一つの側面が、環境構成に子どもたちが参加することだというのは、日本ではあまり考えつかないことかもしれません。フィラストロッカ幼児学校の教師アルガ・ジャコメッリさんの試みは、図書室

フィラストロッカ幼児学校図書室

の環境づくりに５歳児が参加することでした。彼女はインタビューで次のように語りました。

「（環境をつくる際には）どこにどんな本を置くかも子どもたちと一緒に考えました。私たちが子どもたちと話し合うときに使うテクニックがあります。子どもたちの言ったことを繰り返して言うとか、子どものアイディアを評価して、他の子どもたちがそれを受け入れるのを助けるとか。色を選んだり本を配置するときも、いつも子どもたちと一緒に考えました。子どもたちを信頼し耳を傾け、アイディアをできるだけ実現したのです。図書室にはいろいろな色の椅子が円形に並んでいますが、これは子どもたちのアイディアです。子どもたちにとって、アイディアが浮かんで、それが実現するのを見るのは、本当に価値があります。自分たちが評価されたと感じるのです。自分たちでつくった環境は大切にします。そこで、子どもたちは図書室の貸し借りも自分たちで運営することにしました。」（星他 2014a, p. 70）

このようにして、図書室は子どもにとって自分の空間になりました。子どもたちはこのファンタジックな図書室で自由に本を見たり、劇遊びをしたり、と大いに利用しています。

13 いつでもどこにも教育の種はある

「生活のなかに保育がある」とは日本の倉橋惣三に代表される保育の考え方の基本です。毎日長時間を過ごす幼稚園・保育園・こども園の生活のどの場所、どの場面、どの時間にも教育の要素があるということを意味しています。ピストイアでも、この考えは教育の基本にあります。

「まず子どもから始まる」（No.11）の項で述べたように、子どもにとっては、生活のすべての瞬間が興味や発見の対象です。知らないことの多い乳幼児期は知的好奇心が旺盛で、「どうして？」と目を輝かせて子どもたちが質問するのを保育者の方はよく経験されていると思います。

しかし、日常生活の何でもないことへの子どもの好奇心や発見を、どう教育に結びつけていくかは簡単なことではありません。その例を一つ紹介します。私たちが観察した年の、ピストイアのある保育園の2歳児クラスの9月から2月までの週報の記録からの抜粋です。

「学年当初の9月のある日、Aちゃんが自分の靴が土につけた跡の格子模様に興味をもち、それを踏んで遊んでいた。他児たちはそれを見ていた。同じ週に公園に散歩に行ったときに、自分たちの足跡を見てから、ガチョウの足跡を探したが見つからなかった。教師が『ガチョウの跡はないね』と言うと、ある子が『ウンチがある！』と言い、皆もそれは跡だと言った。それから『跡探し』が始まった。誰かが影も日の光も跡だと言った。それから何週間も子どもたちは室内でも戸外でも跡を探し、手の影を跡と言ったり、手を砂に押して跡を作ったりした。10月にはおやつの時間に、果物をかじった跡（歯形）を見せ合った。一人がオレンジの跡よりリンゴの跡の方がきれいだ、と言った。昼食時にはマッシュポテトに指を突っ込んでできた穴やパンをかじった歯形を跡と言った。それから跡の印をつける遊びが発展した。土にまみれた靴や手の跡を見た。ある雨の日、泥を踏んだ長靴の跡が泥水で消えるのを発見した。」

一人の子どもがたまたま自分の靴の「跡」を発見したことから出発して、２歳児たちは、何が跡か、跡にはどんな性質があるのかを探索し、展開させています。教師は教えることをせず、ほとんど子どもたちだけで考えが発展しています。大人は、靴の跡も果物をかじった跡も教材になるとはあまり思わないでしょう。しかし、跡を見つけることがおもしろい！と気づいた子どもたちは、毎日の経験のなかに跡を探します。子どもたちの考えることは、大人からみれば思考のうちに入らないのかもしれませんが、子どもの側からすれば、知性を一生懸命働かせた大発見なのです。こうして、実体としての跡を追いかけるのに入り込んでいた子どもたちは、それがひっくり返る体験、つまり「跡が消える」を新たに発見しました。ここで、また彼らの思考は深化したのでした。

もしたとえば、教師が鳥と足跡の形のパネルを示し、「跡はこういうものです。ガチョウの足跡はどれでしょう」と絵を見せて尋ねたとしたら、子どもの生き生きした興味は萎えてしまうでしょう。教師はあえて教えることをせずに、子どもたちが自発的に思考を発展させるのを促すことばかけで支えたのです。

教師は子どもが興味をもったことに、「そうね」のようなことばかけをし、他の子どもたちにも伝えて共有したと推測されます。あるいは、一人の子の興味を他の子どもたちが発展できるように、「これはどうかな?」と注意の対象を拡げたかもしれません。「これはどうかな?」は、他の子どもから別の考えを引き出す可能性を含んでいます。しかし、子どもが注目しない跡を指して「これも跡だね」と教えるようなことはしていません。

こうして教師は子どもの間の考えの交流を手助けします。毎日の生活で身近なことであれば、2歳児でもこのような考えの交流は十分ありえます。

毎日の慣れたことには気づきにくいという面がある一方で、毎日の慣れたことだからこそ気づくことができるという面もあると思います。

この例は、9月から子どもの「跡」への興味が、少なくとも1月まで断続的に続いていたことも示しています。生活のなかで何度も経験することは、このように長いスパンで捉えると子どもたちの発展も分かりやすくなります。子どもたちは、自分から興味をもったことを短い間に忘れてしまうことはありません。

14 ホリスティックな乳幼児教育とは

ピストイアでは、０～２歳の保育園でも、養護だけでなく教育に設立当初から力を入れてきました。教育憲章のなかでは、ピストイア市の乳幼児教育施設での教育は、「ホリスティックな教育」であると謳っています。しかし、ひとことでホリスティックな教育といっても、具体的にはどんなことなのか、例を示したいと思います。

ラゴマゴ保育園の０歳児クラスの壁面には、「月々の遊び」というドキュメンテーションが掲示されていました。一つのテーマについて、学年始めの９月から毎月、担当の教師たちが子どもたちの遊びの展開を追って考察したことを写真とことばで表現し、ポスターの形で掲示しているもので、教師たちの教育への見方がよくわかる記録です。

ある年度の「月々の遊び」は、物の動きに焦点を当てています。入園翌月の10月、ボールのような転がる物に赤ちゃんは興味をもって見ます。年少児の興味は偶然転がる物に向けられますが、やや年上の子は自分でボールを動かしてその動きを注視します。側にいるもう一人の赤ちゃんがこれを楽しそうにじっと見ます。１か月後の11月には、一人の赤ちゃんが年上の子と目を合わせて、楽しさを微笑みで伝えるのが見られます。

12月には子どもたちは2～3人で一緒にボールを転がして遊ぶようになり、動きが速い、ゆっくり、はねる、と違う転がり方に注目します。1月には、色の違うボールを互いに転がし合う、薄いシートの上を転がす、輪を転がすなど、いろいろな転がり方の違いを互いに試します。他児のしていることをじっと見て微笑む、目を合わせる、笑い合う、交代するなど、一人での遊びにはないやりとりがあります。2月には共同で遊ぶことに発展します。机の両側に座った4人の子どもたちが、教師に助けてもらいながら、ボールを転がして机の向かい側の相手に届けるのですが、どれくらいの力を入れたらうまく届くのかを調節する遊びです。相手に合わせることも順番を待つことも入ってきます。3月にはおやつの時間に出たりんごをテーブルの上で転がしてみて、ボールとは違う不規則な動きを楽しみます。4月にはたまたま一人の子が手の代わりに短い棒でボールを押したのを子どもたちは模倣し、机の反対側の相手に向かって転がすのを楽しみます。

このドキュメンテーションで、遊びのなかの子どもたちのどんな発達に焦点が当てられているでしょうか。物の性質や物と物の関係を知るという知的な能力、試してみたい好奇心や意欲、他者を模倣して学ぶ能力、距離を判断して力の入れ方を調節する運動能力、道具を使いこなす操作能力、友だちとの交換や順番などの社会的な能力、と個人のさまざまな能力が育まれます。試してみた楽しさや感動も生まれます。しかし、同時に大切なのは、他者といる喜びや一緒にやりとりする楽しさといった関係性であり、また他者とともにつくる雰囲気です。これらすべてが一つの遊びのなかに混然一体としてあるのが、ホリスティックな活動です。ですから、認知的な発達を促す、非認知的スキルを伸ばす、というように、発達の側面を輪切りにするのではなく、不可分で一体のものとして育むことのできるような環境をつくる、という考えです。

またピストイアでのホリスティックな教育の根本には、個人の発達と人と人の関係性は不可分だという考えがあります。一人で学ぶことは楽しい、仲間と一緒の場で学ぶのはもっと楽しい、仲間とやりとりしながら学ぶのはもっともっと楽しいのです。乳幼児期の教育の土台には、このような他者との共有、他者への共感があると考えます。子どもたちの内面のベネッセーレ（ここちよく落ち着いた状態）は、このような仲間との関係と結びついています。これは将来、他者への共感性と想像性、思いやり、異なる他者との共存の土台になるものですが、これは学ぶということのなかにある、と言っているのです。

将来生きていくうえで社会に適応するためのスキルを身に付けるのはだいじですが、同時に、生きることは他の人々と共に生きることだという基本的なことを、ピストイアの教育は人生の始めに教えているように思います。将来競争社会で成功する土台作りのために乳幼児教育があるのではありません。他者と互いに支え合える、自分と異なる人たちを排除しない、想像力を働かせて他者に共感できる、そのような人としての基本を教育するのが、ピストイアのホリスティックな教育のエッセンスです。

15 美と自然——触れるとつながりたくなるもの

ピストイアの幼児学校と保育園に一歩入って目を惹かれるのは、その美的なセンスです。壁の色、置いてある物、飾ってある子どもの作品、さすがルネッサンス伝統のトスカーナ地方だと感心します。しかしそれは、伝統だけではなく、市の教育を担ってきた人たちの美に対する強い思いから発しているのです。

ピストイアの教育では、美しいと感じる感覚は、アートというジャンルに留まらず、もっと内的なもの、つまり、人間の普遍的な価値であり、教育の根幹であり、生きるうえでの最も重要な要素の一つだと考えられています。ピストイア市の教育サービスについて書かれたある本の題名は「よい趣味の教育」(educazione del buon gusto) ですが、これはピストイアの教育のいわばキャッチフレーズになりました (Becchi 2010)。

美的感覚を教育に生かすことをアンナリアさんは、インタビューで次のように表現しました。

「私たちは名画の前に立つと、画家が私たちに与えたいと思った何か明快な感情を感じ、画家と繫がった気持ちになります。私は教育施設でも同様の感情を創り出したいと思いました。つまり、子どもも教師も親も施設と繫がっているという気持ちです。空間が、繫がりたい、深いところを見たいという欲求を喚起するのです。」

（星他 2014a, p. 27）

このような感覚を子どもにどう提供できるかについて、教師と行政担当者たちは話し合いました。話し合いの根拠となったのは、デューイの「経験としての芸術」、つまり心のなかの経験を目に見える具体的な形にするという哲学でした。それが、子どもたちが生活する空間は美的でなければならないという結論を必然的に生みました。この点について、アンナリアさんは次のように書いています。

「美しい場所で感じられるベネッセーレ（ここちよさ）は他者ともっと伝え合いたい、探索したい、という気持ちにさせる。美的な質に注意を向けると、ここちよい雰囲気をつくりたいという意図が引き出される。それは、行動の発展、肯定的な行為、社会的雰囲気を支え、他者や物を尊重する関係を促す。美しい物を使い共有することが、子どもをもっと美しい物を作ることに導き、それを大人が価値づけると、さらに場の美に寄与するのである。」（Galardini 2020b, p. 7）

美術活動の児童館アレア・ブルーの担当者アンジェラさんはインタビューで語りました。

「私の仕事は、子どもたちが美に興味をもつよう促し、子どもの美的な感性を呼び覚ますことにあります。大切なのは、子どもたちの内側に芸術への愛や情熱や親しみを芽生えさせ、美に対する感覚や好みを育むことです。うわべの美しさとしてではなく、倫理や態度として。つまり、人や物に対する思いやり、注意深さ、感受性、尊敬です。子どもたちにこの面を育てたいのです。世界や人々やものごとに対して敏感な感受性を備えた人になるように。」（星他 2014a, p. 133）

実際に、乳幼児教育施設の調和のとれた色遣いやすっきりした空間の配置に出会うと、ここちよく、ずっとそこに座っていたいという気持ちになります。

おもしろいのは、自然に対する感覚も美と同様だという考えです。

「美への感受性についての私たちの経験は、自然のなかにある美と多様性に大きな重要性を置くことへと導かれた。自然は子どもの生活の身近にある。子どもを自然のリソースに手の届く環境に置けば、その美的感受性が高まるのを見ることができる。」（Galardini 2020a, p. 25）

ピストイアでは、自然が活動のなかに多く取り入れられています。たとえば、自然素材を使った制作、植物の栽培、野生動物の世話、自然がテーマのプロジェクト（No.47、48、50参照）があります。自然のなかの美を感じる教育については、光、影、水、空、といった自然現象もとりあげられています。木や石のような自然物は性質を知って造形に利用するという、素材としての美を味わう対象ですが、一方、刻一刻変化する自然現象は、自然へのまた別の向かい方として、子どもたちの興味を惹くことができます。

16 ドキュメンテーションとポートフォリオ

ドキュメンテーションとポートフォリオは、ピストイアでも乳幼児教育の中心的な位置を占めています。ドキュメンテーションは、子どもたちの様子や発達の過程を写真・ことば・絵や作品で示すことを通して、教師たちの考え方、協働による省察の結果、子どもと親へのメッセージを伝えるものです。教育コーディネータのドナテラさんが述べている以下の説明はドキュメンテーションを定義づけています。

「(ドキュメンテーションにおける) 日々の生活の経験を語る写真、ことば、子どもたちと創作したオブジェなどは、施設空間に親密な味わいを与え、過去の記憶と現在テーマとしているものが共存する場所という感覚を伝え、教育的行為を支える方針と価値、そして教師の省察の明確な証を、親や訪問者の目に見える形で提示する。」(Musatti et al. 2018, p. 33)

ピストイアの幼児学校・保育園の壁のドキュメンテーションがどれも素晴らしいと思わせる要素は、子どもの成長の瞬間の身体・表情・関わりのポイントを捉えた写真、本質を表すことばの的確さ、レイアウトの美しさだけではありません。写真とことばとレイアウトの相乗効果がメッセージをより明確にし、捉えた瞬間からより長い期間の展望まで見通せるような教師の省察がはっきり打ち出されていることです。

ただ、壁のドキュメンテーションは頻繁に作るものではありません。その土台となるのは、週報という形のドキュメンテーションです。壁のドキュメンテーションのほうが目につきやすいのですが、実は教育についての省察や改善にもっと大きく資するのは、週報です。週報については別の項（№17）で詳しく述べますが、教師たちは日常的には週報を作り、その上で壁のドキュメンテーションを作ります。

ドキュメンテーションを作る過程を見てみましょう。まず教師は、子どもは今こんな意味をもってそこに居る、という瞬間や道程をキャッチしようとする姿勢をもってアンテナを張っています。子どもが何かに熱中したり、発見したり、困ったり、戸惑ったり、というとき、また子ども同士が出会ったり、一緒に楽しんだり、一緒に発見したりといったとき、子どもが教師と心を通わせたとき、などです。子どもの内側に成長の変化が起こったこれらの様子をメモし、あるいは常に部屋に置いてあるカメラで撮影します。

毎週金曜日に、クラスの教師たちは、1週間の各自のメモをもとに話し合い、週報を作ります。子どもの活動の過程やキャッチした瞬間をどう解釈するか、子どもの内側にどんな成長が見えるか、教育にどう生かせるか、を一緒に考えます。こうした教師同士の省察の結果を週報にします。壁のドキュメンテーションは、そこから簡潔にエッセンスを抜き出し、メッセージを発する表現手段となります。

そこで教師たちに必要とされるのは、「経験を通時的に読み解く能力、個々の断片を寄せ集め、それぞれに意味を与えながら、より広い視座において、一つの活動を構成するシークエンスを読み直す能力」（Galardini 2007, p. 149）です。

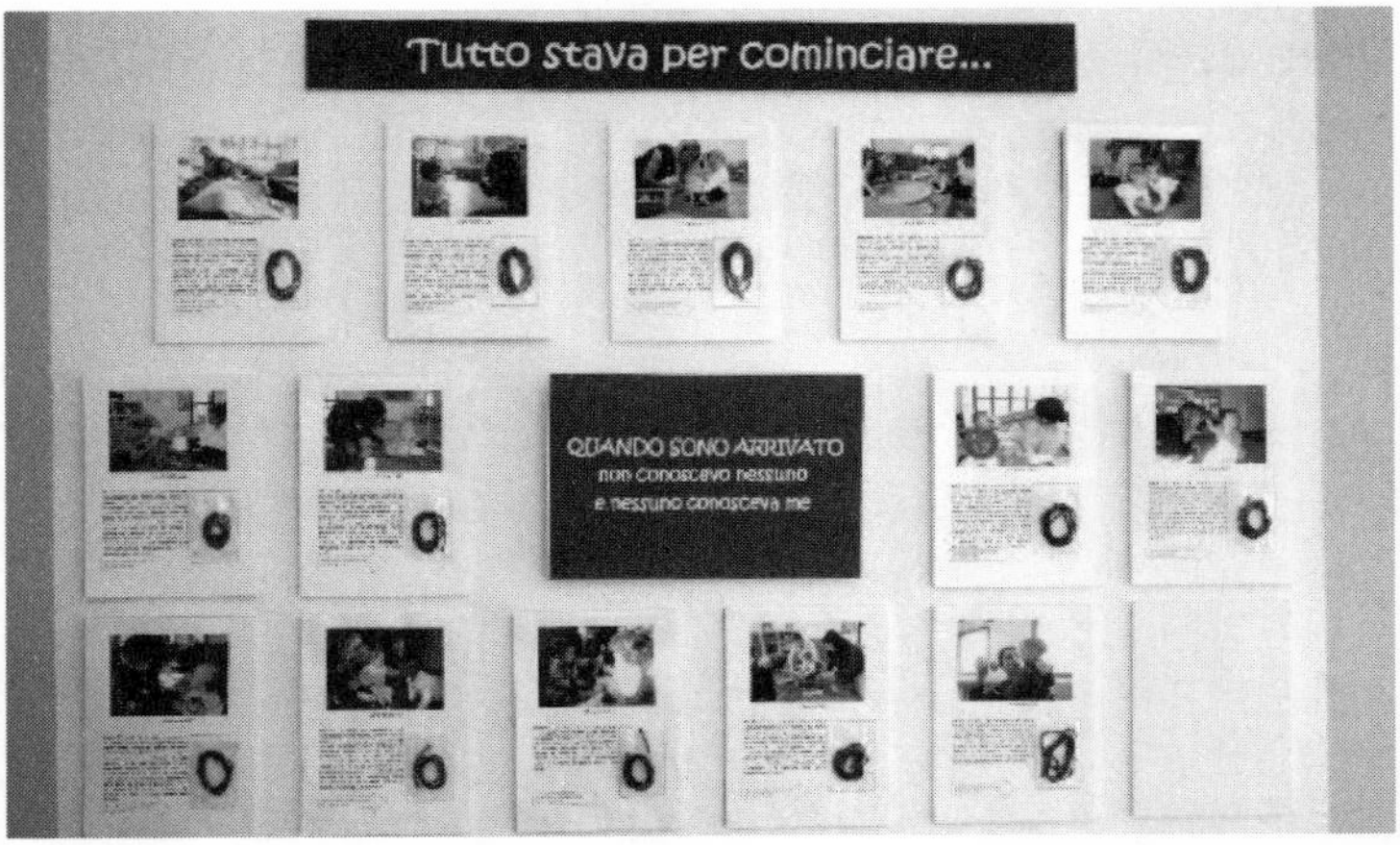

「保育園最初の日」のドキュメンテーション

クラスの教師たちの省察は、週報と壁のドキュメンテーションを通じて他のクラスにも伝わります。家庭に紙媒体を配付する習慣がないので、親への伝達手段でもあります。また、写真は幼い子どもにも伝わるので、あなたを大事に思っていますよ、という教師からのメッセージになります。

それにしても、壁のドキュメンテーションのプロ顔負けの文章やカメラアングルには感心しますが、これは市の研修の賜物なのだそうです。もっとも、今年度は詩的というより写実的な文章だと思ったら、文章の得意な人が転出した、ということもありました。

壁のドキュメンテーションの「傑作」は、何年も継承されています。たとえば、ラゴマゴ保育園の0歳児クラスには毎年、「保育園最初の日」のドキュメンテーションがあります。一人ひとりの子どもが最初に保育園に来た日の様子が写真と短い文で表され、子どもの身長分の紐がポケットに入っています。親子は時折、その日のことを思い出し、紐を取り出して成長を確かめることができます。

一方、ポートフォリオは個々の子どもの個人史をアルバムにしたものです。園・学校に入ってから卒業までの個人の経験の記録である、写真・ことば・作品に加えて、他児たちとの交流の物語、家庭での記録、さらには教師がその子に向けて語る文章も入ります。このコンセプトは、それぞれ特別の歴史と特別の個性をもっている個々の子どもの経験と記憶を組織的な形にして価値づけること、つまり子どもの歴史の視覚化であると説明されます。卒業の際に、クラスの教師は、この個人史アルバムを贈り物にするために、美しい表紙をつけて丁寧に製本します。それは子どもが一生の宝物として持っていたいと思うくらいに美しくなければならない、と教師たちは言います。幼児学校で作られたポートフォリオは、卒業の少し前に子どもが行く小学校の担任の教師に貸し出されます。入学前の休暇中に担任はそれを見て、子どものことを知るためです。入学時にそれは子どもに返されます。

ドキュメンテーションもポートフォリオも、子どもにとっては、学びの過程を示し、仲間や大人との共同生活での成長を振り返る手段です。教師にとっては、個々の子どもに対しての教育経験、子どもの間の関係性、グループの時間的・空間的な発展、短期・長期の活動の経過などについての省察の手段であり、実践の展望と改善の道具です。親にとっては、園・学校の教育と我が子の成長を知る方法です。

17 週報をつくる

ピストイアの市立保育園の教師たちは、かつては日誌をつけていたのですが、その記録をどう使うかは、教師によってまちまちでした。研修や職員会議のなかで、労力が大きい割にはどう使ってよいかはっきりしない日誌をやめて、改めて子どもの成長を見直してみようということになりました。

そこで、一週間（５日間）を子どもの変化を追える単位とし、同じクラスの教師（２～４人）それぞれが気づいたことをメモや写真に毎日記録し、金曜日の会議でそれを持ち寄り、クラスの週報を作ることにしました。

週報をどんなコンセプトにするか、１週間をどのようにまとめるか、どれくらいの量にするかなど、実際に作る過程には、アドバイザーとして研究者たちも加わりました。

基本的な合意は、子どもの注意が誰にあるいは何に向かっているのか、何が子どもに疑問を引き起こし好奇心や関心を生むのか、つまり子どもの心の内にある意図、意欲、能力、関係性、子どもにとっての問題、子どもが分かろうとしていることを敏感にキャッチして記録することがすべての基礎になる、ということでした。

そこで、教師たちは、メモ用紙とカメラを常時手元に用意しました。そして、実践のなかで、次の点(Musatti et al. 2018, p. 54)に配慮しながら、月曜日からだんだん変わってきたこと、特に気づいたことをメモし、写真を撮影しました。

○**社会的ダイナミックス**：子ども集団の雰囲気、集団の変化、子ども同士のやりとり、いざこざや孤立と教師の介入、子どもと教師のやりとり。

○**子どもの遊び活動**：子どもが自発的に行った遊び活動、教師の介入や助けの有無、教師が提案した活動、子どもの参加と興味。

○**食事、おやつ、トイレ、休息時間**：子どもの参加、関心、自律、情緒的な状態、集団の習慣的な行動、通常の活動とは異なる変化。

○**空間の使い方**：よく使ったコーナー、使わなかったコーナー、子ども集団に使われた場所、教師が設定を変えた場所。

○**時間の使い方**：一日の諸活動の長さとリズム、移行。

現実には、子どもの相手をしつつ、これだけのことに気を配るのは大変です。ベテランの教師も経験の浅い教師も、それぞれが自分のできる範囲内で記録します。しかし、経験を重ねるうちに、コツを摑んで記録できるようになったそうです。

このような経過を経て今では、金曜日の午後、クラスの教師たちは一緒に週報を作っていきます。ここで

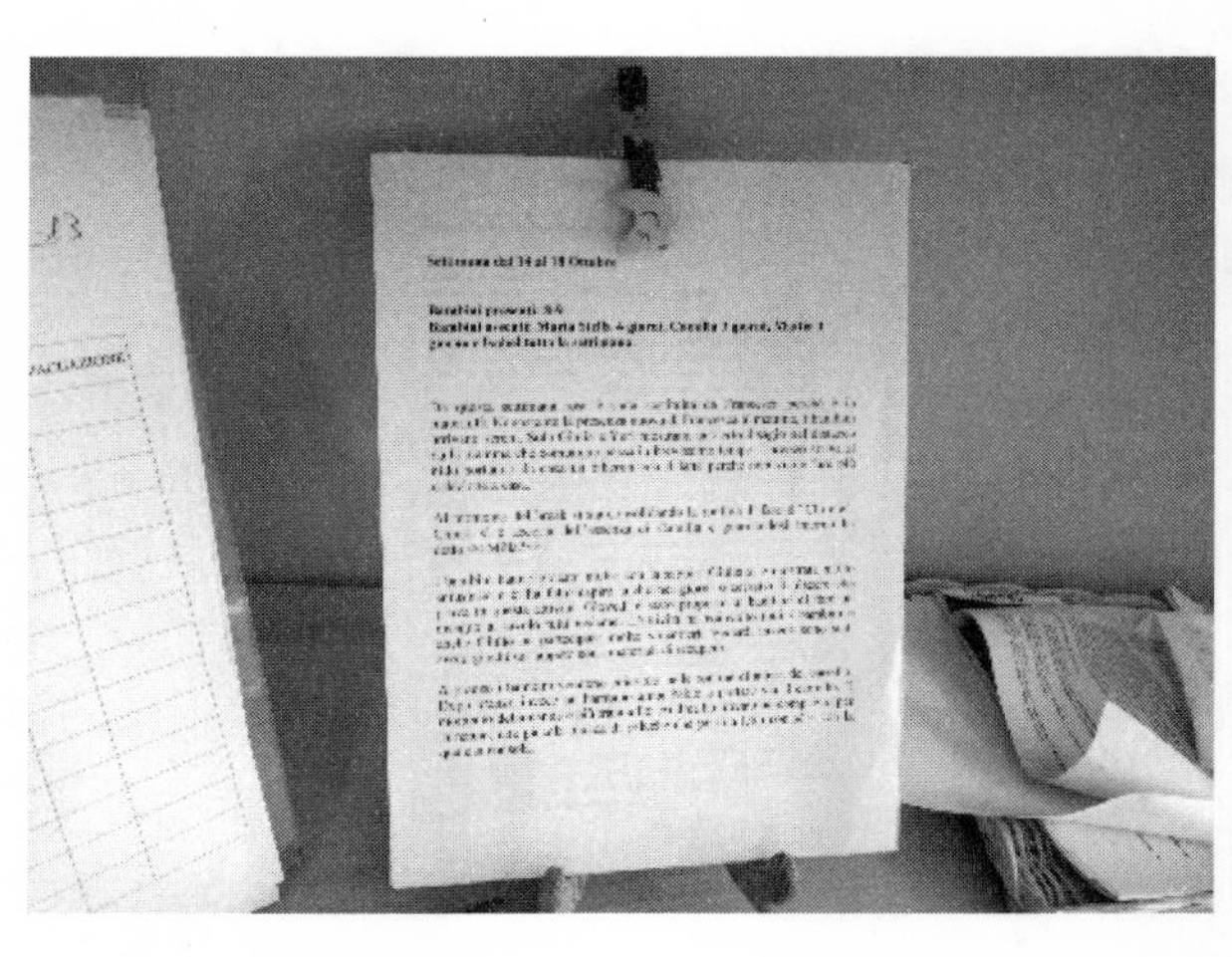

の話し合いが、クラスを共に理解するだけでなく、教育の方針を共有することにもなります。研修にもなります。

週報に必ず入れることは、１週間の簡単な要約、週の間に子どもグループで展開された活動、出来事、出来事の間の関連、その結果としての子どもの意味ある経験がどう発展したかの１週間の変化についての考察です。写真も入れます。これを最終的にＡ４判１～２ページにまとめて印刷します。そして、クラスに来る人が見えるように立てて台の上に置きます。お迎えに来た親たちはそれを見ることができます。また職員たちも見ることができるので、職員会議で検討されます。

週報作成の討論は同時に、次の週の検討になり、教育を方向づけるのに役立ちます。週報が積み重なって、月間の検討になり、さらには３か月後に次の四半期の方向性、そして次年度の計画に繋がっていきます。また、週報は研修の材料として最適で、職場内研修だけでなく、複数の施設の合同研修でも使われます。

アドバイザーの研究者たちは、週報の導入で教師たちが学んだことの聴き取り調査をし、以下のような回答を得ました（Picchio et al. 2012, pp. 5-10）。

・園の日常経験の複雑さと全体性を掴むことができる。
・週の個々の出来事の間の意味ある繋がりが結びついて全体を再構成できる。
・経験を距離を置いて客観的に見ることで、実践を見直すことができる。
・振り返りによって、経験した時には気づかなかった別の視点を見出す。
・実践をより意識的に方向づけできる。
・職員同士の専門性向上の支援の手段になり、協働性をさらに発展させることができる。

実際にどのようなものか、ある保育園の2歳児クラスの週報の一例を示します。

11月6～17日

受け入れの時間は安定していた。数人の子どもが積み木と汽車の線路の箱のところに行き、C、VLは色を塗ったり切り抜いたりを好んだ。Z、PB、Aは、空間の探索と運動遊びを特に好んだ。おやつの時間は我々の儀式で進み、リラックスした雰囲気は会話を促し、興味深い観察と考察を生んだ。たとえば、ABはコップを友達のために並べながら、自分たちが沢山いるときはコップの列はもっと長くなると言い、「見て、なんて長い列！」と叫んだ。また、「跡」への興味も続いた。AB、L、ANは、歯が果物に残した跡を観察して、「オレンジについた跡はきれいだけど、リンゴの跡はもっとずっときれい！」と言った。

午前中の絵画の空間では、子どもたちは色を選ぶのに魅了された。大きな紙の上に印や跡をつけるのはさらに気に入った。操作の空間では、多様な材料やその組み合わせの可能性を試すことが続いた。磁石や金属で試す活動は大部分が好んだ時間だった。

16日（木）には、公園に熊とその印を探して探索することが続いた。子どもたちは大量の枯葉に魅せられて、潜ったり、まるで海にいるようだと言ったりした。葉っぱの山を築いて、大きな音を聴き、香りを嗅ぎながら、葉っぱに覆われていた。「熊は見なかったね、眠ってるんだね」とVが言った。そこで、枯葉のどんな音でも熊を起こさないようにした。

11月20〜24日

子どもたちは興味をもった活動を小グループで行ったが、おやつでは大きい友だちも小さい友だちも一緒にテーブルについて食べるのを望んだ。今では、親に別れの挨拶がうまくできない子どもは何人かだけになって、雰囲気は次第によりくつろいだものになってきた。

おやつの間に、我々の儀式は相変わらず続き、それは全員の期待になった。「パパジラの歌」の儀式は彼らが好むことの一つで、歌いながらコップを列に並べる人の順番を一緒に決めた。さらに順番決めの度に、みな一緒に「1、2、3」と始めた。

23日（木）は、おやつに続いて、Lが「遠い森のなかのあっちの方に行きたい」、と言ったところ、Aが「森はまっくらだから、光をもっていかなきゃ」と答えて、隣の部屋の鏡の方向を指した。教師Hが、太陽のない外では、鏡は光を反射できないので、ランプをもっていったほうがいいだろうと言ったので、我々は熊探しと森の熊の跡を見つけに公園にランプをもって出かけた。公園で切り株の穴を調べたとき、我々は秋の葉っぱのさまざまな色に魅了された。Aは、「見て、黄色、栗色、緑！」と言った。そこで、枯葉の山のなかに熊を探して遊び、それから葉を空に飛ばした。さらにとても楽しんで、森のもっと険しいところをよじ登り、また怖がる友だちを手を使って助ける気遣いをし、それから、新たに底の方に向かって滑っていった。

今週の他の日々には、２つの固定したグループでの、操作の空間と「小さな家」での素材の探索が続いた。子どもたちはどちらの空間にも興味を示したが、探索の仕方はまだ一人ずつか小グループでのやり方だった。昼食の時間はいつもとても穏やかに進んだ。子どもたちは、それぞれの名前を知っており、またしばしば友だちの誰が配膳当番のくじに当たったかも知っていた。もし準備をするのが難しい子がいたら、友だちが助けるか交代するかの用意ができていた。

生活全般の様子の記録に加えて、子どもが関心をもったことを表現したことばや行動の記述が注目されます。実際は、２週間の子どもたちの行動は多種多様で、多くは一見脈絡がないように過ぎていったのではないでしょうか。しかし、教師はいくつかの点に焦点を当てて、その展開に意味付けをしています。たとえば、歯形の跡への関心は、紙につけた印、熊がいたかもしれない跡と発展し、子どもたちは想像をふくらませていきます。絵を描いたときの色への興味は、葉っぱに接したときの色の美しさの発見に繋がります。多くの素材への興味は場所が変わっても持続します。さらには、友だちと一緒にいる楽しさは、友だちのことを知ったり助けたりといった行動に導かれます。子どもたちのことばや行動を担当教師たちの視点で精査して、関連づけたり構造化することで、次にどんな環境を設定して子どもたちの学びを支えるかの検討材料になります。

18
子どもがここちよいと感じること

日本では、子どもが保育園・幼稚園生活で過ごしてほしいことをどんな形容詞で表現するでしょうか。「楽しく」「元気よく」「明るく」などが多いのではないでしょうか。

ピストイアの教師たちは、ベネッセーレ（benessere、英訳ではwellbeing、ウェルビーイング）ということばをよく使います。子どもが園や学校で「ここちよく落ち着いた状態」ですが、温かさ、思いやりというような広い意味合いも含まれます。「ここちよい」と感じる状態は、感情が高揚した楽しい状態とは少し違います。ムリノ保育園のリディアさんのことばが教師たちに共通していると思います。「私たちの基本的な教育方針は、子ども、教師、家族がここちよく過ごすことです。私たち教師の役目は、尊重する気持ちをもって子どもと家族を迎えることです」（星他 2015, p. 123）。当たり前のように聞こえますが、ここちよいと感じる充足感を子どもがもつという目的は、教師たちの教育活動の本質です。

ピストイアの子どもたちを見て思うのは、はしゃぎまわったり大声で笑うのが少ないことです。私は最初は、子どもたちは園や学校の生活がつまらないのだろうか、と思っていました。しかしやがて、子どもが「ここちよい」と感じるときの表情に気づきました。

私が今でも表情を印象深く憶えているのは、ラゴマゴ保育園のある2歳児です。机のところにやって来て、上にあった3つのコイル（Aは太く長い、Bは細く長い、Cは太く短い）のうちのAとBを取り、BをAと重ねました。BはAのなかに入りました。Cも入れようとしますが、CはAと直径が同じなので重なるだけで入りません。やり直したり、Cのなかを覗いたり、Aを振ってBを出したりします。BとCを組み合わせると、BはCのなかに入ります。Bを出してもう1回Cに入れて振ります。これをAと組み合わせようとしますが、うまくいきません。3つのコイルを重ねるというだけのこの過程をこの子は黙々と、集中して遊んだのです。笑いもなければイライラもなく、ひたすら集中している顔は満足感に満ちていました。結局3つの組み合わせはできずに去ったのですが、過程こそがこの子には重要で、結果は意味がなかったのでしょう。

柔かい配色の落ち着いた1歳児室

充足しているときの笑みは大きな表情ではありません。しかし落ち着いていて、顔は穏やかで、目が語っています。こんな印象をもったのは私だけではないようです。ピストイア市に研修に来たあるフランスの保育者養成校の教員も、「子どもたちは静かだった。かれらは遊びに興味をもち集中していた。急ぐこともいざこざもなかった。この静かさと遊びへの集中は印象深く、私と同僚がもっていた乳幼児施設と遊びについての概念を根底から覆した」と研修後の感想のなかで述べています（Semerie 2014, p. 141）。

「元気な子ども」が子どものあるべき姿だと思っていた私は、日本ではなぜ、どなるように大声で話したり、はしゃぎまわる子がいるのか、と逆に考えるようになりました。誰かにアピールしなくても、自分の気持ちに向かうことができ、十分に満足感をもって活動できる環境が、ここちよさを生んでいるのではないか、と思います。

では、子どもたちがここちよくいられる環境とはどんなものなのか。最近の実践研究の本のなかでは、「大人と子どもが楽しく生活できるためには、好奇心を掻き立て、居心地の良い社会的雰囲気をつくることが重要である」「穏やかな社会的雰囲気は、混乱や騒音、大人の間の隠れた緊張関係から守られた環境のなかにある。つまり強固な教育的意図の結果であり、『ケアの倫理』の実践の一つである」（Musatti et al. 2018. p. 125）と書かれていて、大人が注意深くつくる社会的雰囲気の重要性が指摘されています。

また、教師たちがしばしば語るのは、子どもの居心地のよさは、大人からだいじにされていると感じることが大切なのは当然としても、それだけではなく、環境が丁寧に扱われていることも重要だということです。落ち着きのある空間、美しい物、音の静かさ、個々の子どものペースの尊重とゆったりした時間の流れ。このような環境のなかで、子どもが安定・安心し、自己と他者への信頼感をもった生活を送るときに、ベネッセーレの状態でいられるのだと思います。これら一つひとつの条件については、項目を改めて述べることにします。

第4章 幼児学校、保育園の一日の生活

19 ゆったりした時間構成

ピストイア市立の保育園も幼児学校も、一日の時間構成はほとんど同じです。登園・登校～朝の会～小グループ活動～昼食～午睡または休息～自由遊び～降園・下校です。

保育園は朝7時30分に、幼児学校は8時30分に開きます。親あるいは祖父母に連れられた子どもたちが三々五々やってきます。ほぼ全員が集まる9時30分頃に、クラスごとに朝の会があります。教師が出席者を子どもと一緒に確認し、簡単なおやつがあるのは、1歳以上のどの年齢でも同じです。出席をとるのも、食べるのも、話し合いも、幼児学校で次の活動の準備をするにも、たっぷり時間をとります。その後は、昼食まで同じ活動です。小グループに分かれて場所を移動した後は、子どもたちはグループ活動のなかで自分のペースで遊びます。外に散歩に出ることもありますが、遅れそうになる子がいれば、それをゆっくり待ちます。教師が、おむつ替え、鼻を拭く、片づけなどと忙しく手をかけることはなく、一緒に遊んだり、見守ったりと、ゆったりとしています。子どもたちのいざこざも少ないので、教師が急いで駆けつけることもほとんどありません。

幼児学校では、みんなが同じ活動をする場合も、子どもたちがそれぞれ自由に活動をする場合であっても、子どもたちは自分のペースで行います。一つの活動を早く終えた子どもは別の場所で自由に遊び、ゆっくりな子はその子なりのリズムで活動します。

午前の終わりに、保育園ではおむつ替えかトイレ、幼児学校では手を洗って、昼食になります。空腹の子どもたちにとっては待ち時間が相当長いこともありましたが、食事のテーブルで子どもたちは配膳をじっと待っていました。急かされることなく待ってくれることに慣れている子どもたちには、待つことも当たり前なのでしょう。自分のリズムに大人が合わせてくれることが、自分が尊重されていること、主人公は自分たちなのだという感覚を自然に身体化しているように見受けられました。

食事が終わると、保育園児と幼児学校の年少児は午睡の部屋に行きます。年長の子どもたちには休息または自由な遊びの時間です。

子どものそれぞれのリズムを考慮して、それに合わせた計画を立て、柔軟に実行していくのは、教師にとっては実際はとても力量の要ることだと思います。それを可能にするのは、何よりも、時間の枠組みが大きくて柔軟だということです。昼食の時間がクラスによってずれることもあるでしょうが、施設全体がそれに対応できる体制になっています。どこかのクラスのランチが遅くなっても、給食室の調理師さんは子どもと一緒に座って、最後のクラスの食事の様子を見守っていたりします。

子どもが遊べる時間の単位が長いことについて、教育コーディネータのドナテラさんは、次のように書いています。

「持続的な注意の時間をもつことは、子どもに自身の知を組織することを可能にする。……長く遊べるのは状況がうまく組織立てられていて、遊びを豊かで多様にするために役立つことがそこにあるからである。……多くのことは、ある程度の助走のための時間があることでより成功する。子どもが活動を始める前に準備にとる時間は、活動の間に費やされる時間と同様に重要である。すぐに遊びを始める子どももいるが、状況を我がものにする前に、他の子どもがしていることを注意深く観察して理解する必要のある子どももいる。」

(Giovannini 2003a, p. 115)

時間についての考えを象徴的に表しているのが、ラゴマゴ保育園の受け入れ室の壁の時計の下に長年掲示されているパネルです。朝、子どもを保育園に預けて出勤する親は気持ちも急いているでしょう。子どものコートをロッカーに入れて壁を見ると子どもたちの写真とともに、次のことばが目に入ります。

「子どもには時間が必要です。知識を得るための時間、自分を知るための時間。」

乳幼児期には、大人の都合による時間でなく、子どものペースでゆっくりたっぷり経験する時間が要るのです。

日本と比べて、急かせなくてもよい要素は確かにたくさんあります。空間が広く単機能の使い方であること（たとえば食卓を片付けたあとに布団を敷くというような使い方をしない）、厨房の職員や非常勤職員の勤務時間への配慮が不要なこと、教師の雑用の少なさ。しかし、時間の区切りを長くするだけでも、ゆとりは違ってくるのではないか、と思います。

20 朝の会

ピストイアの保育園、幼児学校とも、クラスの子どもたちがほぼ揃う9時30分頃から、クラス全体で朝の会が始まります。保育園では簡単なおやつを食べます。それも一人ひとり別々に用意するのではなくて、教師がその場で果物の皮を剝き小片に切って大皿に盛ります。子どもたちはそれを一つずつ取って皿を隣りの子に渡していくというように、「分かち合う」ことが原則です。それと水を飲みます。1歳児と2歳児クラスでは、机の上の一人ひとりのコップに水差しから水を注いで配る園もあります。おやつも水も、みんなで一緒に分かち合う機会です。

幼児学校ではおやつといっても水を飲むくらいです。出席者の確認、歌を歌う、絵本の読み聞かせ、家庭で昨夜あったことの話し合い、次の活動の準備のための話し合いなど、全員の活動があります。教師の問いかけに子どもたちがそれぞれ答える姿は、日本の朝の会と変わらないかもしれません。

朝の会は長時間で、1時間以上のこともあります。そのあとの遊び活動が小グループ単位なので、クラス全員での集まりの時間をたっぷりとっているのでしょう。

時間が長くなる第一の理由は、出席確認の名前を呼ぶことに時間をかけるからです。どの年齢でも、名前を呼ぶことには「儀式」が伴います。0歳児クラスでは教師が歌を歌いながら一人ひとりの名前を呼んで、その子を指差します。1歳児クラスでは、歌のなかで名前を呼ぶので、人数分の回数だけ歌を歌います。イルグリロ保育園の2歳児クラスでは、一人の子が隣室に隠れ、皆が歌を歌ってこの子の名前を呼び、別の子がこの子を連れに行って、現れると子どもたちが拍手する、というのを繰り返します。幼児学校では、当番制で子どもが点呼係になります。フィラストロッカ幼児学校の5歳児クラスの朝の会は、全員が円形に座って始まります。クラスのシンボルはライオンなので、会を仕切るのはライオンの王（女王）です。日替わりで選ばれた王様と家来が真ん中に座ります。家来係の子が籠からカードを1枚ずつ取って王様が名前を呼びます。呼ばれた子は出席ボードにカード（自画像を描いたもの）を架けます。欠席の子は、家来係がカードを裏返してボードにかけます。

一人ひとりの名前を呼ぶことは、単に出席点呼ではありません。個に注目しつつ同時に仲間意識やグループへの所属感を強めるという働きをします。

朝の会は、家庭から施設の生活に入る移行の時間であり、仲間と教師との共同体に参加していく過程の時間であると位置づけられます。その日一日を仲間と穏やかに過ごす心の準備のときであると同時に、友だち全員との交流の場であり、クラス集団への所属意識を確認する機会なのです。

付け加えていえば、9時半より遅く来る子を待つことはしないそうです。朝の会は一日のリズムをつくる最初の時なので、定時が大切ということでした。遅れて来た子は皆に歓迎されて、気持ちよくグループに入っていくようにしているとのこと。

朝の会は学びの機会でもあります。私たちはラゴマゴ保育園の2歳児クラス年長グループ18人（クラスの人数が多いので朝の会は半数ずつで行います）のある日の朝の会を観察し、教師にインタビューしました。大きな机に子どもたちは円くなって座り、二人の教師が対面しています。以前から子どもたちは「回る物」に興味をもって、「車輪がついてるから回るかな」などと言っていたそうで、この日も、一人の子どもがオレンジを見て、「環がある」と言いました。そこで教師は、「環ならば、回るかどうか見てみましょう」と言って、おやつのオレンジのうち丸い形のと少しいびつな形のを残しておいて、机の上で向かい側のもう一人の教師の方向へ転がしました（日本では食べ物をこのように扱うのはよくないのかもしれませんが）。２つのオレンジは違った動きをしつつ、向かいの教師に届きました。それから教師はオレンジを子どもたちの方に転がし、子どもが順番に向かい側の子どもに向かって転がすことが続きました。オレンジの形状によって、目指す相手とは別の方向に行ってしまうのも経験しました。さらに、もう一つのグループでは、オレンジと洋梨を転がして、動きがまったく違うのを経験しました。朝の会の「回る物」の経験が、その後の小グループ活動に引き継がれることもありました。なお、朝の会での学びについては、習慣的儀式の項（No.38）でも述べます。

21 たいせつな食事の時間

日本と同様に、ピストイアの乳幼児教育施設でも食事は重要な教育活動です。ただ、ピストイアの場合は、「食事」ということの社会的意味の教育に重点が置かれています。それは、大人の正式なディナーのように、食事の始まりから終わりまで、一つひとつのプロセスが丁重に扱われていることで表されています。といっても、堅苦しいマナーを教えるのではなく、料理の味を楽しむ、食事の時間を楽しく過ごす、友だちとのコミュニケーションを楽しむという面が強調されています。

食事の時間を大切にするのはイタリアの伝統的な文化のはずなのですが、実際はイタリアの家庭でも、子どもが食べない、遊び食いをする、偏食するなど、苦労している親が多いそうです。そこで保育園では、ランチにいろいろな工夫をしています。

教育コーディネータのドナテラさんは、保育園での食事について、「食べ物の量と質の観点のみならず、社会的な見方、コミュニケーションの観点から考える。食事の時間は子どもを大人と結びつけ、所属感を育むなごやかで社会的な機会である。したがって、食事に必然的に伴うすべてのこと、たとえば、場所、テーブルの美しさ、良い仲間関係、楽しい会話、尊重すべきルール、良いマナー、共同体に参加する習慣に、注意を払っている」(Giovannini 2006, p.10) と書いています。

食事においても美的な環境づくりは配慮されています。美的感覚を重要と考えるピストイアの乳幼児教育のキャッチフレーズが「よい趣味の教育」(educazione del buon gusto) だと述べました（No.15参照）が、このbuon gusto（ブオン・グスト）という語には「おいしい味」という意味もあります。食事はこの両方の「ブオン・グスト」が合体した時間です。テーブルクロス、陶器やガラスの食器、卓上の花、とテーブルは美しく準備されます。

ある日の2歳児のランチの様子を見てみましょう。

給食室からワゴンで大皿に入った料理と食器が運ばれてきます。子どもたちは一つのテーブルに6～7人のグループで、教師と一緒にテーブルクロスをかけてから、自分の席に座ります。教師がテーブルに花と小さい箱を乗せます。子どもは箱に入った「くじ」を順番に引きます。当たった子どもが今日の当番です。当番は食器を配ります。スープ皿、平皿、コップ、スプーンとフォークの順です。お皿は1枚ずつ、両手で持って一人ひとりの席に置きます。2枚いっぺんに取ると教師から戻すように言われます。1枚ずつ丁寧に扱わねばならないのです。6人に配るとして合計30回、当番はワゴンとテーブルの間を行き来し、緊張して慎重に運びます。かなり時間がかかりますが、子どもたちはじっと静かに待っています。おなかがすいているでしょうが、「早く」と言ったり机をたたいたりする子は一人もいません。普段、急かされずに待ってもらう習慣ができている子どもたちは、友だちを待つことも厭わないのでしょう。教師もよほどのことがない限り、手を出して手伝うことはなく、間違うとことばで指示します。当番は食前の役目を終えると席につきます。教師が最初の前菜の大皿をテーブルのまんなかに置き第一のスープ皿に野菜、パスタなどを入れていき

ます。薄味で無農薬にはもちろん配慮されています。時にはトスカーナの郷土料理もあるそうです。パンの籠から自分の分をとって、籠を隣の友だちに渡します。教師も一緒に食べます。

ふと見ると、大きなテーブルの脇に、２人用のテーブルがあります。「レストランのテーブル」と呼ばれていて、ちょっと大人気分でレストランのように２人で向かい合って食べたい子、あるいは大人数を好まない子は、希望して、離れて食べることができます。その日によって希望者が多いことも、誰もいないこともあるそうです。

子どもたちは、最初は無言で一生懸命食べていましたが、一息つくと楽しい会話です。教師や友だちとのおしゃべりが本当に楽しそうです。教師は料理の味や匂いや色について子どもたちと話したり、話をゆっくり聴いたりします。子どもに注意したり口を拭いたりはほとんどしません。ただ、席を立たない、遊び食いをしない、食器をフォークで叩いたりしない、というのはルールです。教師はよほどの場合でない限り、もっと食べなさいとも言いません。食べるのが速い子も遅い子も、大食漢も小食の子もいますので、個々のペースが尊重され、互いに話し合い聴き合い、楽しく時間が流れる雰囲気のなかでは、子どもたちは騒がしくありません。

２皿目は、たとえば魚とジャガイモ、柔らかい肉とセロリの煮込みのような温かい料理です。最後はデザートのフルーツで、当番は教師と一緒に給食室に取りにいきます。

給食室から調理師さんが来て、子どもたちを観察し、同じテーブルに座っておしゃべりしながら子どもの食べる様子を見ていました。

食事が終わると食器の片づけです。ここでも当番が出番です。お皿をワゴンに戻し、残った物はバケツに捨てます。

このあと、「コーヒータイム」があります。子ども自身のデミタスのコーヒーカップとポットが棚に置いてあります。さすが、エスプレッソの国と一瞬思いましたが、2歳児にコーヒー？ とびっくりしてしまいました。でも「うそっこコーヒー」で、コーヒー色の大麦飲料です。これは、コースは前菜から始まってコーヒーで終わるというのがイタリアの正式な食事習慣だからです。

大役を果たした当番の子は、ここで友だちから感謝の拍手をもらいます。やり終えて感謝されるときの満面の笑みがとても印象的でした。最後に手と歯を洗い、よだれ掛けを自分の棚にしまって、食事が終わります。教師は個々の子どもの食べた量と残した物について記録を書きます。

1歳児も2歳児と同じプロセスが展開します。2歳児よりも教師が手伝うことが少し多いくらいです。幼児学校のランチも同様です。もっとも「レストランのテーブル」はありません。

22 ケアの時間

ピストイアの保育園が教育機関だといっても、もちろんケアがないわけではありません。おむつ替えとトイレ、着替え・清潔、午睡は万国共通の基本的な日常の活動です。そこで、ピストイアの特徴と思われることを挙げてみます。

午睡

ヨーロッパのいくつかの国の保育園に行った際、午睡の部屋が確保されているのを見て、日本の保育者たちが部屋を片づけてから布団を敷く毎日の手間を気の毒に思いました。毎日のことですから寝室を独立に設けるのは当然のはずです。ピストイア市立保育園では、もちろん寝室は独立しています。０歳の年少児は小判形の深いベッド、年齢が上がると、マットレスだけ、あるいは複数の子どもが寝られる長い布団になります。部屋は暗く静かで周りの音から遮断されています。ある保育園の０歳児の寝室では、月の形と星の形の壁面照明が、幻想的な雰囲気をつくっていました。バッハの「Ｇ線上のアリア」がかすかに流れていた園もあります。０歳児は眠くなると、部屋のなかで教師が抱いてトントンしたり、ロッキングチェアに座って揺らしたりします。子どもが腕のなかで寝つくと、教師はそのままそっと寝室に運んでベッドに入れます。フランスで、眼がぱっちりの子どもを保育者がベッドに運びすぐ立ち去るのを見ていた私は、ピストイアは日本と似て寝かしつけが丁寧だと思いました。1歳児以上は、昼食後、一人ひとり、あるいは集団で寝室に行きます。着替えはしません。おしゃぶりやぬいぐるみが欲しい子は家庭からもってきて棚に置いておきます。1歳児は教師がしばらく付いて、時にはトントンしますが、2歳児はほとんど付き添われずに寝つきます。2歳児は寝たくなかったり、早く起きてしまうことがあります。こんな場合には無理強いはせず、遊びコーナーで遊びます。みんな一斉に寝なければならない、ということはありません。幼児学校では、3歳児は午睡か休息を自分で選んでいました。

おむつ替えとトイレ

0歳児のおむつ替えは子どものタイミングに合わせますが、教師は、とてもゆっくりした動作で目と目を合わせて行います。それは、おむつ替えの時間は、集団生活のなかで大人と子どもが二人だけで対面する貴重な機会であるとも考えられているからです。ある保育園では、天井に丸い鏡があって、子どもがおむつ台に仰向けになり教師が屈み込むと、鏡に二人が映るようになっていました。それを指差しながら、教師は子どもに話しかけ、笑いかけ、子どもも手足をばたつかせて喜びます。このように一つの活動にも主となる目的に加えて別の教育的な意味をもたせています。1歳児、2歳児のおむつ替えは回数が少なく、午前中の活動前に全員が1回、昼食前には濡れている子だけでした。おむつ替えで遊びを中断されることはありません。トイレの自律ができる子も午前中に1回。昼食前に1回です。

着替え・清潔

着替えは一日中ほとんどしないことが多いようです。絵の具を使うときはエプロンを付けますし、砂遊びは砂場でなく砂箱ですから、汚れることが少ないのです。汚れた場合はもちろん着替えますが、ロッカーに着替えをたくさん入れておいて、毎日の帰りの際に「お土産」持ちという日本の保育園の光景は見られません。身体全体を使った水遊びや泥遊びをしないからかもしれません。園外に散歩に行ったり森を探索することも多いのに、それほど汚れないのです。そういう意味では、日本の子どものほうがワイルドで活発なのかもしれませんし、日本の保育者が活発さを好むからかもしれません。保育園では食事時には、子どもたちは自分の棚からよだれ掛けを出し、食事が終わると棚に戻します。手洗いは昼食前と後。歯磨きは昼食後にブクブクです。

西洋では靴は履いたままですが、保育園では、登園後に上履きに履き替えます。床を這うこともある幼い子どもがいる場では、戸外の汚れをもちこまないのは普通です。

ピストイアのホリスティックな教育理念は、ケアと教育は一体であるという考えを含んでいます。教育コーディネータのドナテラさんは、「ケアは（人や物を）敬う気持ち、社会的能力、自他の身体の間の良い関係に関わる教育であり、その基本には知性や精神を形成する愛情がある」と説明しました（星他 2014a, p.43）。実際に、寝かしつけやおむつ替えでの教師たちのていねいな動作は、子どもに自己信頼感を与えます。さらに、コミュニケーションを促すおむつ替え室の天井の鏡、美的な感覚を刺激する寝室の照明、というように、環境上の工夫がケアと教育の一体化に寄与できることを実感しました。

23 0歳児クラスの生活

ピストイア市の保育園は2022年現在、市立保育園6か所（市立としては最近3か所減少）のうち、4か所は生後3か月から、2か所は生後12か月から子どもを受け入れます。認可私立保育園6か所については、2か所が生後3か月から、4か所が生後12か月からです。入園申請には学区の制限がないので、親は市に希望園を申請します。生後3か月で入園の場合は妊娠中から、生後12か月で入園の場合は育休期間中に申請できます。生後3か月からというのは、産後休暇が3か月間のためです（なお産前休暇は2か月です）。生後12か月というのは、産後休暇後、母親は給与全額保証の5か月間の育児休業に続いて給与30％保証の育児休業がとれるので、1年間育児に専念したい人のための選択肢です（なお父親の有給育児休暇は10週間です）。

市立のラゴマゴ保育園を例に、0歳児クラスの一日の様子を述べてみます。受け入れる定員は15人で、教師は3人です。入園前には慣らし期間があります。慣らし期間は親が復職前からできるので、まず親子で来所し、クラスの部屋で親子で遊びます。親が教師と話をしたり、教師が子どもと関わったりして慣らしますが、時間の制限も期間の制限もありません。親子ともども心配がなくなるまでが慣らしの期間です。育休中の比較的早い時期にたっぷり慣らし期間をとれるのは、親にとってはとても心強いことです。

朝は7時30分に園が開きます。親に連れられた子どもたちが0歳児クラスに直接入ってきます。コートはロッカー、着替えは棚に。おむつを替える子も替えない子も。親は教師に昨夜のことを話します。連絡帳を籠に入れますが、親と教師のコミュニケーションは書面よりは会話のほうが重視されています。教師が子どもを抱いて引き取り、親が去ると、カーペットの上での遊びです。ハイハイや歩行で移動できる子は自由に部屋のなかを動き、未歩行の子どもには教師が遊びかけます。

全員が集まると、歩行児はとなりの遊び中心の部屋に移動し、未歩行児とハイハイの子はカーペットの部屋にそのまま残ります。

子ども一人ひとりのリズムに合わせるので朝から眠くなる子もいます。教師が抱いてロッキングチェアかハンモック状のベッドで揺らしながら寝かしつけ。完全に寝ついたらとなりの寝室に抱いていきます。寝室のベッドは丸い桶のような形です。部屋は暗く、弱い黄色い光が部屋を包んでいます。教師は寝ている子どもをベッドに入れて部屋を出て、時々様子を見に行きます。

未歩行児には教師がついて遊び、元気な歩行児はとなりの遊戯室での遊びが続きます。遊具は1歳児以上が使う筒、ブロック、蛇腹のような「素材」（No.30～32参照）が多く、市販の玩具はあまりありません。音の遊具では日本の太鼓もありました。また光、影のような自然の事象も遊びになります。

遊びの途中で個別におむつ替えをすることはあっても、一斉にというのはありません。おむつ替えの回数は午前中せいぜい1回です。その1回がとてもゆったりしています。教師が話しかけ子どもが喃語で答えたり、目を合わせて笑い合ったりと、楽しい時間です。

年少児にはその子に応じて哺乳瓶で授乳です。ハイハイの子どもと歩行児にはおやつの時間があり、部屋の片隅の机で椅子に座って、水を飲み果物を少しだけ食べます。

昼食時になると、普通食の子どもたちは椅子に座り、教師がお皿に取り分けてくれるのを待ちます。静かに待っているのに驚きましたが、静かに食べるのにも驚きました。スプーンで一人で食べる子も、手づかみの子も、教師の膝で食べさせてもらう子もいます。教師は子どもたちと一緒に食べます。世話をしながら自身も食べるのは大変だろうと思うのですが、一緒に食事を味わうことがだいじだという食育なのです。

0歳児クラス

年少児は個別のリズムに合わせて寝るので、決まった午睡の時間はありませんが、年長児は食事後は午睡です。しかし、祖父母がお迎えに来る子も多いので、実際は午睡をする子は多くありません。教師の仕事がほとんど午前中で終わるのは、日本の保育者の方から見れば、うらやましいだろうと思います。

0歳児の部屋は壁も調度もパステルカラーで、美的な配色に気が配られ、優しい雰囲気があります。部屋の窓の枠が赤い色で、そこから見える隣の公園から光が差し込んできます。その前にオレンジや青の薄いチュールのカーテンがあり、それを通して床に映る光が幻想的です。子どもたちは自然に光を追ったり、触ろうとしたり、と光で遊びます（No.33参照）。

毎年更新される「保育園最初の日」という壁の掲示（No.16参照）も、0歳児クラスならではのドキュメンテーションです。

24

2歳児クラスの生活

保育園の1歳児クラスと2歳児クラスは同じ時間編成になっています。一日の全体の流れについて、ラゴマゴ保育園の２歳児クラスを例に紹介します。

２歳児（24～36か月）クラスの定員は36人で、教師は４人です。全体がさらに年少グループと年長グループに分かれ、それぞれを教師２人で担当しています。前年度に1歳児クラスの担当だった教師は、そのままもち上がりです。１歳児クラスは１クラス14人で教師は２人ですから、前年度に１歳児クラスが２クラスならば、この教師たちはほとんどがそのままもち上がることになります。

７時30分に開いた園では、８時過ぎから次々に子どもたちがやってきます。コートはロッカーに入れ、入口から入った広い空間で遊んで待ちます。教師もそこで登園の子を受け入れながら、遊びを見守ります。

９時30分になると、年少グループは2階に上がり、年長グループは階下のままで、朝の会が始まります。遅く来た子は歓迎されて会に加わります。朝の会（No.20）でおやつを食べたり、出席を確認したりと、長い時間を一緒に過ごしたあとは、遊びの時間です。階下にいた子どもたちも2階に上がっていきます。

年少グループ、年長グループともに、さらに２つの小グループに分かれるので、合計４つのグループ（各

８－９人）がそれぞれ、別々の部屋で活動をします。子どもたちは部屋でどのように遊ぼうと自由ですが、他の部屋に行ってしまう子どもはいませんし、他のグループに交じって遊ぶこともしません。

２階は広くて、本の部屋、象徴遊びの部屋、絵画の部屋、造形の部屋、音と楽器の部屋、光のテーブルの部屋、寝室、とたくさんの部屋があります。本の部屋では、表紙を表にした本が本棚に並べてあり、また床の箱にも本が入っていて、子どもは自分で選んで、ソファでクッションの上でと、自由に見ることができます。絵画の部屋には、大きな紙や厚紙、絵の具、クレヨンなどいろいろな道具があって、キャンバスに貼った紙に描くことができます。造形の部屋には、木材、プラスチックの板、金属類、筒、その他たくさんの素材があります（No.30～32参照）。砂箱も置いてあります。砂場ではなく砂箱が用いられ、砂はさらさらに乾燥しているので何かを作ることはできず、シャベルですくう程度の遊びです。象徴遊びの部屋は、本物の台所・寝室・衣裳部屋のミニチュアが用意されていて、人形を寝かせたりアイロンをかけたり、といった遊びができます。隣には犬小屋があり、ペギーという犬のぬいぐるみがおり、世話をするのが慣例になっています。金曜日に子どもの一人がペギーを家に連れて帰って月曜日に戻すという、本物のような扱いをします。光の部屋は暗室で、下に光源のあるガラスの台の上に透明な物を置いて光を楽しんだり、ＯＨＰで壁に物の影を映す遊びができます。音の部屋には音の出る物や楽器が置いてあります。ラゴマゴ保育園は空間が広く、このように活動別の部屋をたくさん持つことができるので贅沢なのですが、他の保育園では、２歳児クラスの子どもたちが使う部屋は１つか２つというところのほうが多く、活動別の部屋の余裕はないので、コーナーで仕切られていたりします。

また、２歳児はしばしば、外に散歩に出かけます。ラゴマゴ保育園は戸外環境に恵まれていて、ニコロ・

2歳児の遊び

ブッチーニ公園に面しており、大きな池があるので、自然を存分に楽しむことができます。戸外の探索はどの保育園でも主要な活動ですが、どこも近隣に、林や畑など、何らかの自然環境に浴することができます。

１時間半ほどの遊び活動の後、手洗いをして、昼食です。階下に降りて、グループごとに机を囲み担当の教師と一緒に食べます。おしゃべりしながらの楽しい時が終わると、手を洗って、午睡です。２歳の寝室は一つなので、並んだ簡易ベッドで横になります。おしゃぶりやぬいぐるみをもって寝る子もいます。教師が１人、皆が寝つくまで付き添っています。

祖父母が迎えに来る子は午睡をせずに遊びながら待つので、午睡をする子は多くありません。午睡の後は自由遊び、そして降園です。

15時30分以降の延長保育を受ける子どもはごく少数です。というのは、祖父母がお迎えに来るのが多いこともありますが、親は部分的育休を子どもが８歳（２０２２年からは12歳）になるまで利用できるので、勤務時間を短くして、早い時間にお迎えに来られるのです。

25 幼児学校のグループ教育活動

3～6歳児の幼児学校の一日の活動の構成は、保育園と同じで、登校～朝の会～小グループ活動～昼食～午睡・休息～遊び～下校、です。本項では、私たちが観察した小グループ活動について紹介します。

マリノマリーニ幼児学校のある日の3歳児クラス

マリノマリーニ幼児学校は、丘陵地にあって自然に恵まれており、教育の柱の一つは「自然に学ぶ」です。この日は、感覚をテーマに3つのグループに分かれました。第1グループは「香りのグループ」です。8人の子どもと教師一人が行った部屋には植物（木の枝・皮・根っこ、葉っぱ、種等々）がたくさん棚に置いてあります。香りのある枝や葉っぱで飾りを作ります。月桂樹とオリーブの葉にパンチで穴をあけて紐に通し、さらにシナモンスティック、ノリウツギの小枝をこの紐に結びつけて完成です。作っている過程で、シナモン、月桂樹、オリーブの香りを皆で嗅ぎ、どんな香りがするか話し合います。この飾りを教師が大きなオリーブの木の枝につるします。第2グループは「味のグループ」です。8人の子どもが絵本の部屋に行きました。床に円く座って、教師の読む絵本をめぐって対話がはずみます。教師はお話に出てくる色、数、曜日を確認しながら読み進みます。読み終わったあと、子どもたちが机を囲んで座ると、教師はお話に出てきたリンゴと梨、おろし金を机に置き、校庭にいる野生のクロウサギに食べ物をあげようと言います。子どもたちは餌作りに取りかかります。リンゴと梨をすり下ろして皿に入れ、換気口のところに置いてウサギを待ち、出てくると大喜びしました（No.47参照）。その後、ウサギの絵を描きました。３番目は「料理のグループ」で、校庭でハーブを摘んで帰り、象徴遊びの部屋でちぎって、パスタと一緒に鍋に入れて料理するごっこ遊びをしました。ここでも、実際の料理ではなく、ハーブの香りを嗅いで楽しむことがメインでした。

フィラストロッカ幼児学校のある日の４歳児クラス

フィラストロッカ幼児学校の教育の柱は、本と物語です。クラスはそれぞれシンボルをもっており、それに関係した物語や劇遊びなど、ストーリーを楽しむ活動をしています。４歳児クラスのシンボルは馬で、ある日の活動は、二つの小グループに分かれました。第１グループの10人は担当の教師と絵本作りです。前に教師に話してもらった「青い仔馬」の物語をそれぞれの場面にしたがって想像して描きます。それをまとめて一冊の本にできるように、教師が子どもたち一人ひとりにテーマを少しずつ変えて提示します。その後、その物語の劇遊びをしました。第２グループの10人が行った部屋は暗く、教師はＯＨＰに赤や青の透明な紙を置いて、部屋を幻想的にしました。教師は馬の絵をスクリーンに映して動かします。子どもたちはスクリーンの前に立って、各自想像を働かせて演じます。

どちらのグループも、クラスのシンボルの馬から想像をふくらませて、ストーリーにする活動です。シンボルが単に親しい存在なのではなく、創造を喚起する材料になっているところが特徴といえると思います。

マリノマリーニ幼児学校のある日の5歳児クラス

養蜂場に見学に行った後の活動です。３つのグループに分かれました。第1グループは見学の様子を絵に描く活動で、黒マーカーで描いてから彩色をしました。教師は一人ひとりに意図を聞いてメモしていました。第2グループはクモの巣グループです。子どもたちは荷造り用の白い紐を切って画用紙に貼り、クモの巣を作ります。どんな形で巣を表現するかは自由で、紐を重ねて網目のようにする、放射状にする、とさまざまですが、幾何学的で対称形という制限がクモの巣にはあります。第3グループでは、教師はまず養蜂について絵本で解説し、養蜂の道具と本物のハチの巣を見せました。その過程で子どもたちは顔を覆う養蜂用の帽子をかぶってみました。またいろいろな倍率のルーペでハチの巣を観察しました。

コッチネラ幼児学校のある日の5歳児クラス

コッチネラ幼児学校は、自然豊かな郊外にあるうえに植木農園が近いという立地条件を生かして、さまざまな自然の素材を集めています。

子どもたちはそれぞれ好きなコーナーに行き、結果的に数人ずつの4グループに分かれました。第1グループの子どもたちは絵本作りをしました。レオ・レオーニの「ぜんまいネズミ」を教師が読み聞かせ、この色彩豊かな絵本をヒントに、子どもたちは色鉛筆でコンポジションを作りました。別の机にいる数人は、黒のマーカーで文字の入った絵本のページ作りをしました。第2グループはパズル遊びで、机に置かれたパズルを2人一組で行います。第3グループの机の上にはいろいろな形や模様の石が入った籠と石の写真が置いてあります。３人の子どもたちが共同で石の造形をしました。第４グループは構成遊びです。最初は数人が大小の積み木で線路か道路を構成し始め、そこにチューブで囲みを作り、内側に牛と馬のフィギュアを置いて牧場のようなものにしました。さらに積み木などを加えて次第に規模が大きくなり、同時に参加人数が増え、最後には大きな町ができました。

決められたグループはなく遊びの選択が子どもに任せられていること、自発的に共同遊びをしたことが注目されます。教師はアドバイスはするものの、あくまでも子どもたち主導で、自主性が尊重されていました。

同じ時間に同じテーマのもとに行うグループ活動で、各活動の間の関係はどう考えられているか、を上記の事例から見てみました。３歳児の３グループは味覚と嗅覚、４歳児の２グループは馬のイメージ、とグループ間の統一性があります。しかし、マリノマリーニ幼児学校の５歳児の３グループは、テーマはクモの巣でも、美術的な活動と科学的な活動というように大きく異なります。グループと担当教師は固定で、その教師が活動を決めるので、グループ間で活動を入れ替えることはありません。５歳児は、絵が好きな子、図鑑が好きな子というように興味の志向がはっきりしている場合もあるので、別のグループに行きたい子がいないのだろうか、と思いました。一方、コッチネラ幼児学校の５歳児の４グループには、テーマはなく活動もばらばらですが、子ども自身が決めてやりたいことをやれます。しかし、クラスとしての活動の統一性は必要がないのだろうか、と気になりました。

第5章
園・学校の環境づくり

26 教師たちの環境づくり

ピストイアの乳幼児教育では、子どもたちの心の安定が大切にされています。教育施設の物理的環境はアタッチメント（愛着）の対象であって、所属感とアイデンティティを育む重要な要素だと考えられています。日本でアタッチメントというと、もっぱら大人と子どもの関係が問題にされますが、環境へのアタッチメントも非常に重要だとピストイアの教師たちは考えます。

環境づくりに配慮されていることに空間の色と音があります。

ピストイアの乳幼児教育施設の部屋の壁の色は、訪問して見た限りでは、白の他に、薄いブルーや緑といった寒色系、薄いクリーム色など、寂しいと思われるような色が多いのが新鮮でした。保育園では、壁の色と調和するように、カーペット、机や椅子などの大きな家具、棚の配色に心遣いが感じられます。園によっては、窓枠は赤でコントラストを作り、外を見ると景色があたかも額縁の中の絵のように見える工夫をしているところがあります。色遣いは豊かな歴史遺産の街で育まれた感性なのでしょうか。空間を楽しく明るく飾ることはしません。刺激過多にしないのです。子どもが毎日何時間も目にする自分の部屋。そこで飾り立てられたたくさんの強い色が目に入ってきたら落ち着けません。気持ちを興奮させる要素は視覚的な環境には入れないのです。だからといって、殺風景が良いわけではもちろんないので、色の美的配置や調和には特に気を遣っていることが感じられます。

このことは、音についてもいえます。保育園でも幼児学校でも静かな音に配慮しています。部屋の面積が大きく天井も高いので音響が日本とは違うという要素はたしかにあります。しかし、それだけではありません。教師は大きな声を張り上げることがありません。小グループ活動が中心ですから、教師は一人ひとりに話しかけ、また座って話しますから、子どもの耳との距離も近いのです。そうすると、子どもたちも静かに聞きます。これが習慣になっていて、クラス全員が集まる場での教師の声も大きくはありません。子どもの声も自然にグループに届く程度の大きさになります。

建物が教育施設用に立派に設計されているとは限りません。既存の建物を利用した施設も多いのです。このような場合、最初に与えられた環境から、教育的にどう作り変えていくかは、教師たち協働の仕事です。

イルグリロ保育園は平屋であまり特徴のない建物です。開園当初からの教師であるアルマンダさんは、環境を整えてきた過程を説明しました。

「5年前に開園したとき、園には机など必要最低限の物しかなかったので、子どもや親たちと生活しながら、園の特性を獲得してきました。コーナーは、子どもたちが好んですることを観察しながら整備しました。そして、子どもたちと一緒に空間に意味を与えようと努めました。たとえば、1歳児クラスでは、子どもたちが人形を寝かしつける象徴遊びのコーナーを作りました。寝室の環境については、子どもたちに家庭で寝る時の写真を持ってきてもらって、家庭と園での経験が繋がるような空間にしました。」（星他 2015, p. 113）

今では、イルグリロ保育園は、コーナー、美しい配色の壁、親同士が出会う空間など、とても使いやすい空間になっています。

もともとの建物の圧力が強い保育園もあります。ムリノ保育園の建物は昔の粉ひき小屋でした。煉瓦造り、床面積の小さい４階建て、階段がたくさんある複雑な構造、１階の水車小屋と、保育園としては適切とは言えないのですが、古い歴史のある建物は味があります。教師のリディアさんは言いました。

「現実にある空間を利用します。たとえば、２階の階段下には隠れ家を作りました。象徴遊びのコーナーの壁には（古い時代の建物の）煉瓦のアーチがあって、特別な静かな場所を思い起こさせます。広い空間のある１階は２歳児クラス。大きな窓から外が見渡せて、なお安心できる隠れ場所もある２階は１歳児用。０歳児クラスは自然に一番上の階になりました。動きが少なくて安心できる環境が必要ですから。」（星他 2015, p. 126）

ただ、子どもたちは移動するのに絶えず階段を使わねばなりませんでした。教師も階段の上り下りが大変で、年配の教師にはきつかったそうです。この情緒溢れる建物は、しかし、市の消防法に触れて、結局廃園になってしまいました。

27 子どもと大人の居る場所

ピストイアの乳幼児教育では、「何をするか」だけでなく、「どこにいるか」も子どもの状態や子どもと他者の関係を表す重要な指標だと考えられています。最近出版された本の題名も『一緒に居る、一緒に知る』です（Musatti et al. 2018）。

この本のなかで教師たちは子ども同士の位置関係について分析をしています。子どもは仲間の非言語的な行動を観察して、情報を得ようとします。その情報源の一つがその子のいる場所および自分との位置関係と距離だということを、教師たちは観察しています。

「子どもたちは、グループがいる部屋の中で自分の好きなどんな場所に身を置こうと自由である。その結果、教師の観察は、個々の子どものいる場所にその子の特定の関心が表現されているだけでなく、発展する社会的状況でのその子の多様な関わりが表現されているのを読みとるのを可能にする。」（Musatti et al. 2018, p. 96）

「子どもは自分で移動できるようになると、自分の位置と、物や他者の位置との関係を絶えず調整し直し、離れた場所の物や人に接触するために新しい方略を立てねばならない。……相互的な位置関係は子ども同士の共有過程のすべてにおいて根本的な役割を担う。なぜなら、ことばがまだないか十分に使いこなせない時期には特に、他者の行為を観察することが主な情報伝達手段だからである。」(Musatti et al. 2018, p. 44)

「いないいないばあ」のように、空間での位置取りが子ども同士の遊びの基本的な要素になっている場合は注意を惹きやすいのですが、教師たちはそうでない次のような場合に注目します。上記の本から事例を一つ紹介します（Musatti et al. 2018, pp. 108-109）。

アルコバレーノ保育園の年中・年長グループのこと。朝の会で皆が円形に座っているときに、一人の男児がその少し後ろに座りました。教師も仲間も輪の中に入れようとしましたが、彼は距離を置いたままです。ある朝には、自分と仲間の間に机を置いてその後ろからグループの活動に興味を示して見ていました。

この事例で、男児は自分とグループの間に空間的距離を置くことで、そこに溶け込むことへの抵抗を示し、間に物を介在させることで、気持ちの安定を確保していると解釈できます。子どもの位置取りが他者との関係や気持ちの表現だと考えると、空間的位置はその子を理解するうえでの有効な判断材料になります。ですから、単に集団から外れているので中に引き入れようとするのではなく、どんな気持ちでその子がそこにいるかの判断は、教師にとって重要視すべき点だと思います。

一方、教師がどこに自分を置くか、ということも教育的課題の一つです。ピストイアに限らず、これまで私が観察したフランス他の国でも、教師がどっかり座って、あまり頻繁に動かないことが印象的で、これらと比較すると、日本の保育者は忙しく動くと思っていました。とりわけ、３歳未満児のクラスの場合にはその違いが顕著でした。

ピストイアでは、教師は基本的には椅子か床に座って、低い姿勢で子どもたちに話しかけます。大人が頻繁に立って移動する姿は、目線の低い子どもには威圧的に映りますし、落ち着かない雰囲気になります。保育園で行われた実験的研究では、教師たちは次の位置取りがよいという結論が出されました（Musatti & Mayer 2011a）。

○ **0歳児クラス**：教師は、子どもの近くの床の定位置に座る。

○ **1歳児クラス以上**：教師は、子どもが散ったり戻ったりする起点となる定位置に座る。つまり、子どもが離れても注意して見ていられ声かけもできる位置を選ぶ。

クラスのなかで子どもたちは基本的に自由に動くことができるので散らばりますが、教師はかれらを追いかけることはしません。教師が一定の場所にいてすべての子どもを見守ることのできる小グループ活動は、この意味でも好都合といえるでしょう。

1歳児以上についての結論は、幼児学校での3～6歳にも当てはまると思われます。私たちの観察では、教師は部屋の中心近くに座って、子どもたちを見ていました。子どもたちのほうが何かあれば教師のところに頼みに来ますが、教師はだいたい言葉で応答し、容易には移動しません。部屋が広くて視界が遮られるコッチネラ幼児学校だけは教師が時々別のところに移動していましたが、全体が見渡せる部屋ならば、教師はここが一番基点だという場所を把握していて、そこに陣取っています。また、そういう環境設定をしているのだと思います。

28 隠れ場所、狭い場所

園・学校のなかで、子どもたちは、クラスの部屋の隅、階段の下、押し入れの中、家具と家具の隙間のような空間が好きです。

ピストイアの保育園、幼児学校でもそのような狭い場所、閉じた空間を活用しています。その役目はいくつかあります。

第一に、子どもにとって、気持ちを落ち着かせる場所だということです。集団生活のなかで、子どもが不安定な気持ちになって一人でいたいと思うときに、刺激を遮断した閉鎖空間にいると、落ち着いてきます。どの保育園にもある閉鎖空間は、「小さなおうち」です。木製の立派なものもあれば、段ボール箱の場合もあります。そこに潜って、中で一人でじっとしていたり、窓からそっと仲間と顔を合わせたり。その家はクラスの中にありながら、隠れ家の役目をしています。

イルグリロ保育園の三方が壁に囲まれたコーナーは、外からは見えるのですが、気分は隠れ家で、子どもが一人で人形遊びをしたり、ごろごろしています。あるとき、教師が一人の子どもに絵本を読み聞かせていました。しかし、閉鎖空間でないにもかかわらず、他の子が誰も侵入しないのです。子どもたちは、その時

隠れ空間

間は教師とその子だけの場所だと思っていたようです。

ある保育園の週報では、入園前の慣らし保育のときに、壁と椅子に挟まれた狭い空間にいて、「自分はあなたたちと違う」ことをアピールしながら、仲間たちの様子にアンテナを張っている一人の子どもの姿が報告されていました。この子がこのバリアを次第に取り去って仲間に入ったのは言うまでもありません。

第二に、狭い空間は、子どもたちが親密に関わり合う空間でもあります。日本でも押し入れの中などでよく見られますが、ピストイアでも、狭い「おうち」の中で何人かでくっついて笑い合っているのはよく見られる光景です。

遊びのなかで、子どもたちが境界を区切ることも、仲間との親密な気持ちを表します。ある保育園では、一人の女児がゴムの長い帯で床を区切って特別の場所を創りだし、子どもたちはその中で一緒にいること自体が目的になって好きな物を持ち込みました。別の保育園でも、子どもたちがプラスチックの紐を円形に置いて空間を区切り、その中に何人かが円く座って、互いに視線を交わしながら楽しそうにしているのが観察されました。何をするでもなく、区切られた狭い場所にただ座って一緒にいるだけでも、子どもたちは仲間意識を確認し、それが楽しいのです。幼児学校では、建物の中や園庭に子どもたち自身が閉鎖空間を見つけて一緒に遊ぶことも観察されています。

第三に、閉鎖空間は、時には非日常の世界を作ります。イルファーロ保育園には、モンゴルのパオのような大きな布製のテントがあります。閉鎖空間であっても、クラスの半数くらいが入れるほどの大きさなので、隠れ家とは言えませんが、現実から遮断された別世界です。２歳児たちは、そこでくっついたり、先生が語り聞かせてくれるお話の世界に引き込まれたりします。フィラストロッカ幼児学校の図書室には、中２階に小さい空間があります。階下の図書室からは見えません。梯子のようならせん階段を登っていくと、その狭い部屋には美しいクッションがいくつもあり、ファンタジー色が漂っていて、絵本の世界に入る非日常の空間になるように設えてあります。子どもは寝転がって絵本を見たり、ごろごろと休むことができるようになっています。

集団生活のなかで周囲と隔絶して一人になる、ということは、安全性の確保の問題とぶつかります。したがって、大人は閉鎖空間を作らないようにしがちです。しかし、子どもにとっては、閉鎖空間はいろいろな動機と目的で使えるだいじな場所だということを、認めてあげたいものです。全部オープンで常時見られているのが時に苦痛なのは、大人に限ったことではないかもしれません。したがって、課題は、狭い場所、隠れ場所を確保しながら、危険のないようにどう整備するか、ということでしょう。フィラストロッカ幼児学校の中２階のように、階下から見えない空間には、それなりの設備が必要かもしれません。

29 小窓と鏡

教育理念を物理的環境に具現化する、ということは、建物や設備のような大きい環境をつくることの他にも可能です。ピストイアの乳幼児教育施設には、空間のちょっとした工夫によって、生活のなかで子どもたちが自然に学ぶような仕掛けが見受けられます。そのような例を2つ挙げます。

一つは、「コミュニケーションの小窓」です。フィラストロッカ幼児学校では、玄関脇の廊下の壁に、外に接して1辺30センチメートルほどの小窓があり、「魔法使いの窓」という名前がついています。建物の内側では、ちょうど子どもの目の高さになります。外では窓の下に小さい台が置いてあって、子どもが乗るとやはり目の高さになります。朝、親と別れた子どもが、もう一度、窓に顔をくっつけて外にいる親にさよならをするのが見られます。いきなり別れるのではなく、ここでもう一度名残りを惜しんでから気持ちを切り替えて、クラスに入るための仕掛けです。あるいは午後、ここから外を見ながらお迎えを待つこともあります。夕方の帰り際、外から先生や友だちともう一度さよならをして帰る子もいます。この小窓を通したコミュニケーションは、子どもにとっては学校と家庭、先生や友だちと家族を繋ぐ役目をし、両者の間の移行を助けます。

小窓でのコミュニケーション

室内の小窓もあります。ラゴマゴ保育園の1歳児クラスには、部屋の中で空間を仕切っている壁の子どもの顔の高さにやはり一片30センチメートルほどの小窓があります。窓は開きません。二人の子どもが両側で、顔をガラスにくっつけ合うのが見られます。模倣し合うことも、「いないいないばあ」で遊ぶこともあります。こうして小窓越しに顔を突き合わせると、なぜか子どもたちは必ず笑い合います。通りすがりに小窓から反対側にいる子どもたちの遊びをチラと見る子もいます。このような窓が一つあるだけで、自然に子どもたちはなごやかになり、やりとりが活発になります。教師の介入の要らない、子ども同士を仲良くさせる不思議な窓です。

園庭にいる子どもと室内にいる子どもが大きなガラスのドアの両側でぴったり顔をつけて笑い合っているのをある園で見たとき、ラゴマゴ保育園では、このような光景から、意図的に室内の壁に穴をあけて開かない窓を作ることを思いついたのではないか、と想像しました。そうであるならば、本当に「子どもから始まる教育」に徹底していると思いました。

もう一つは「鏡」です。ピストイアの保育園では鏡が多用されています。0歳児の部屋にはどこでも、マットが敷いている場所の壁の低い位置に大きな鏡があります。マットの上にいる最も低年齢の子どもの前に鏡があることの目的は、自己というものに気づくのを促すことです。0歳後半から1歳頃には、鏡に映った自己像をじっと見るようになります。鏡のなかの自己像を見てちょっと恥ずかしそうな顔をするのは、「自分」があることを発見した証拠です。しばしば教師が寄り添い、鏡のなかの子どもの目を見て声をかけます。子どもは鏡のなかの教師と目が合うと、実際の教師のほうに視線を移します。鏡を通して教師の見る物を注視して共同注意が見られることもあります。鏡像と実像の２つを不思議がる姿も見られます。もう少し年長児は、鏡のなかで後ろにいる他児と目を合わせて笑いかけることもあります。相手の子どもも鏡を見て、鏡越しに二人がふざけ笑いをします。鏡という道具は、自己像の発見→他者像の発見→大人とのコミュニケーション→他児との相互的なコミュニケーションという形で、子どもの発達に寄与する道具となるのです。

小さい鏡も使われています。イルソーレ保育園では、小さい鏡があちこちの壁に組み込まれていて、鏡を見る方向によって部屋がいろいろな角度で見えたり、窓の外の風景が鏡を通して見えたりします。ラゴマゴ保育園ではおむつ台の上に小さい鏡があり、教師が子どもの顔に自分の顔を寄せて、鏡に映る２人を指差しながら話しかけていました。

イルファーロ保育園は、鏡を使った実践研究を継続的に行ってきました。２０１５年にフランスで開かれたピストイアの教育についてのシンポジウムでは、０歳児についての報告がなされました。日頃から、床にある光る物で子どもたちが自分の姿を見ていたことにヒントを得て、教師たちは、洗面たらいの底に鏡を貼りつけて、床に置いておきました。一人の子どもが興味を示して屈み込み、たらいに顔を映し、それから姿勢を起こすと、「顔はもうない」と言わんばかりに手を拡げたそうです。他児も模倣し、たらいの鏡を通して互いに目を合わせました。その後、この遊びは発展しました。教師が手鏡を床に立てて置いたところ、子どもたちは自分の脚を鏡に映して楽しんでいたのですが、ある子がぬいぐるみの人形を、あたかも人形が自

ゆがんだ鏡

分の姿を鏡に映して見るかのように、鏡の前に立たせたということです。

鏡の遊びはさらに発展しました。２０１８年の2歳児クラスの報告では、表面が波型に大きくうねっている鏡を部屋に置いたときのことが述べられています。垂直に立てた鏡の前に立つと、自分の姿がゆがみます。子どもたちはその前で踊ったり百面相をしたりと遊びました。前に立つ位置で自分が縮んだり太ったりと変わるのもおもしろく、いろいろ試してみました。この鏡を台の上に水平に置いたとき、次のことが観察されました。一人の子が熊の人形をもって近づき、鏡の上に熊を置いてから、熊を鏡から徐々に離していったところ、鏡の中にもう熊の像が見えなくなりました。この子は驚き、何度も繰り返しました。それを見ていた子どもたちも、同じことを別のぬいぐるみで繰り返して、不思議がったそうです（Musatti et al. 2018, p. 153）。

鏡の研究は、子どもが光る物に映る自分の像を見ていた日常のちょっとした光景から、鏡を意図的に導入して始まっています。小窓の場合も子どもたちのありふれた遊びから着想したと推測されます。子どもはどんな物でもどんな場所でも遊びを見つける、そして大人はそれを教育に生かすことができると、改めて確認しました。

第6章　教育の素材にするもの

30 なんでも教材のユニークさ

ピストイアの乳幼児教育施設では、生活のなかで身近にあるどんな物も多様な遊びや思考を生み出すことができると考えられています。これらは、教材として使われる場合には、「素材（materiali）」と呼ばれています。

保育園と幼児学校７か所で、用意されている素材を実際に見て、挙げてみました（星他 2014b）。ただし、多種多様なことと、ことばで表現できない物、名前を知らない工業用品などもあり、全部は網羅できませんでした。なお、括弧内は素材の性質の種類です。

○**紙**：大きな紙、大きなロール紙（幅が１・２メートル程、巻いた状態の直径は50センチメートルくらい）、画用紙、段ボール紙、円筒（太さ、長さ、色、模様）、梱包材（形、大きさ、色、質感）、紙片（色、形、大きさ）。

○**ウレタン**：スポンジ（大きさ、色、形状）、梱包材（形状、長さ、柔軟さ）、ブロック（大きさ、形、色）、ミニボール。

○**プラスチック製品**：ペットボトル（色）、ビンのキャップ、ボタン、工業用の円錐形の物、円筒（色、太さ、長さ、材質）、管（材質、太さ、色、長さ、蛇腹の有無、しなやかさ）、包装用素材、スパイラルバネ（太さ、長さ、色、材質）、半透明プラスチック片（形、色、大きさ）、網、CDディスク、CDケース、洗濯ばさみ。
○**布製品**：布（無地、色）、チュールの布、毛糸、紐、リボン、モール。
○**金属製品**：ビス、ナット、ワッシャー、コイル、釘、円環（大きさ、太さ、厚さ）、管（太さ、長さ、材質）、金網、針金（太さ、長さ）、鎖（形、長さ、太さ）、缶、鋏、アルミ箔、鍋などの料理用品。
○**木材**：積み木、棒状の木片（形、大きさ、長さ、太さ）、円環、楊枝、木くず。
○**ガラス製品**：ビー玉（色）、おはじき、ビン。
○**ゴム**：パッキング用品（大きさ、厚さ）、チューブ、棒、ボール。
○**壊れた製品（リサイクル品）**：アイロン、パソコン、タイプライター、携帯電話、時計。
○**植物**：草、葉、香草（乾燥状、生）、木の枝、木の株、木の皮、花びら、松かさ、実、種、米、小麦粉。
○**動物**：羽、鳥の巣、貝殻、ハチの巣。
○**土砂**：土、砂、粘土、小石。
○**形のない自然現象**：光、影、風、匂い（香草）、水、雨、雲、空。

このように多種多様な性質の物がクラスの棚に並べられているのです。しかも美しくディスプレイされています。ペットボトルも教材のために作られたのではないかと思われるような美しい色なのです。もちろんラベルなどは取り去ってあります。普段は道具箱のなかで汚れているような物も、ここでは洗われ磨かれ分

素材を使った造形活動

類されてレイアウトされています。リサイクル品も磨き直し、古びて見えません。しかも保育園の物と幼児学校の物には統一性があります。

気になったのが、金属のナットやビス、石など、小さい物や金属の物を子どもが口に入れてしまう危険性についてです。さすがに保育園の０〜１歳児クラスにはありませんが、幼児学校の教師たちは、美しい物が美しくディスプレイされていれば、子どもたちは大切に扱い、むやみに口に入れるようなことはしない、と言います。外国からの訪問者も同様に、危険ではないか、という疑問をもったようです。この疑問に対して、教育コーディネータたちは、「安全なリスク」という表現で、小さい物を扱うときは教師がそばで見守ってコントロールしており、そのうえで、ある種のリスク経験について、「新しい世界を知るという冒険はリスクと結びついていることを子ども自身に気づかせるという意味がある」と述べています（Cappellini et al. 2021, p. 285）。

このような「素材」を使ってなされる遊びには、高い自由度と多くの可能性があります。子どもたちは０歳のときから、このように目的と用途が決まっていない素材で遊んでいますので、当たり前のように、組み合わせ方を探索したり、新しい使い方を考案したりします。同じことを日本で行ったならば、子どもは慣れないうちはちょっと戸惑うかもしれませんが、自分なりの遊び方を見つけるでしょう。子どもにとって、同じ物でも扱い方によって違う遊びができるのを知ることとは、決して難しいことではないでしょう。むしろそれぞれの個性や発達に即したどんな扱い方もできるので、そこから新しい発見が生まれると思われます。

多様な種類の物からは多様な遊びが生まれる、同じ経験を繰り返すように見えても、一つのレベルの活動のあと、2度目には新しいレベルの遊びで子どもは新しい可能性を見つける、とピストイアの教師たちは言います。これは教師たちが、子どもたちが素材を扱うやり方を注意深く観察したうえでの結論です。

そのような事例を一つ紹介します。ラゴマゴ保育園の教師と研究者たちの実践研究の報告からです(Musatti et.al. 2014, pp. 54-55)。0歳児のおむつ替えの際、おむつ台の上のモビールを教師が吹いて見せたところ、子どもはモビールが動くのを見て喜びました。それは、羽、紙、小さいボールのような物を吹いて動かすことへの興味に拡がりました。それから数か月間、子どもたちは自発的に物を吹いて動かそうとし続けました。昼食時にフォークを吹いて動かそうとする子もいました。また、机の上の紙を大人と吹き合う遊びも繰り返されました。おやつの時間に、教師は部屋の明かりを消してろうそくの火を灯し、吹いて消す遊びを提案しました。子どもたちは何か月もの間それを繰り返しました。翌年度の1歳児クラスになると、ろうそくを吹くと空気が動くのに気づいて、手を叩いて空気を動かす遊びも生まれました。空気の動きや風の動きへの気づきは、テーブルの両側から真ん中の紙を吹き合う遊びを生みました。2歳児クラスになると、風車を作ったり、ドライヤーを使って風を探索したり、さらに大きい子は風の幽霊のような想像上のキャラクターを創り出すことへと拡がりました。このように、「吹く」という単純な行為が、さまざまな素材の使用を通して、2年の間に次第に複雑な探索行動へと発展していきました。

31 素材を使う意味を語る

既成の玩具ではなく、生活のなかにあるいろいろな物を教材にするというアイディアはどのように生まれたのでしょうか。伝統的には、20世紀の前半、生活を重視し生活のなかにある物を使ったイタリアの保育をつくったアガッツィ姉妹の考えが背景にあると思います。しかし、生活のなかにある具体物ではなく、抽象的な形で用途が決まっていない物や、本来の用途以外の使い方のできる物を教材として採用することには、何らかの理論的な裏付けと相当の検討過程があったのではないか、と思いました。そこで、市の乳幼児教育局長だったアンナリア・ガラルディーニさんに聞いてみました。

これらの素材のアイディアが導入された経緯を、アンナリアさんは次のように説明しました。「このアイディアは、社会構成主義のピアジェ理論やフランスのミラ・スタンバックらの研究に起源があります」（国立教育研究所のスタンバックらの研究は、ブロックや容器のような幾何学的で用途の不定な物を提示して、２歳児が小グループで遊ぶ場面を設定し、どう共同で使うかを調べた実験的研究です）。

「子どもの概念を支える特徴をもつ素材、いろいろな可能性の点でおもしろい特徴をもつ素材を与えられると、子どもはそこに集中し興味をもつことがこの研究で示されました。最初はこのような認知主義者のピアジェらに基づく考えに役立つ素材を選んでいました。それがとてもすばらしかったので、さらにそこに美的な配慮を加えること、創造性を支えるような素材や自己表現力を引き出す素材を入れることを追求しました。」（星他 2014a, p. 38）

また、著書のなかで彼女は次のように述べています。

「活動を繰り返すなかで、これらの素材は多様性を生み出すことに気づいた。すなわち、あるレベルの活動をした後、2度目には新しいレベルの遊びを導入できる。今知っていることと知ることが可能なことのバランス、つまり『発達の最近接領域』があれば、大人の提案は子どもにとって楽しく新しい活動となる。」（Galardini & Giovannini 2001, p. 92）

こうして、多種多様な素材が導入され、現場の教師たちは、素材をどう分類して置くか、遊びに何を選ぶか、どんなタイミングで提示するかということに配慮して、配備してきました。

保育園で使う素材について、ラゴマゴ保育園の教師のガブリさんは次のような考えを語りました。

「私たちが大切にすることは、子どもたちが何に興味をもっているか、興味の発見です。そこからすべてを組み立てていきます。そのために、子どもたちをいろいろ違う角度から観察しました。そうすると、子どもたちはありふれた物ではなく知的な素材を必要としている、ということに私たちは気づきました。保育園では、家庭に溢れているプラスチックの玩具ではなく、質の良い別の物が必要だと思いました。私たちは、子どもたちがどのように素材を扱うかをとても注意深く観察しました。どんな物を選ぶか、長期間興味をもって探求することは何か。それは子どもたちからの提案なのです。……子どもたちが幼いときは、素材を口や手を使って知ることが大切です。１歳児クラスになると、子どもたちは２歳児クラスにある素材のうちのいくつかを使うのですが、大きい子どもたちとは違う使い方をします。たとえば、穴に入れたり出したりして遊びます。」（星他2014a, pp. 109-110）

ここに表れている考えは、０歳の子どもは感覚運動的な使い方、１歳児は物と物の関係、２歳児は形や大きさの違いに注目した使い方というように、子どもの発達に即した使い方ができる物でありながら、同時に「発達の最近接領域」も可能な物を選ぶということです。重要な点は、０歳から慣れ親しんでいる物が５歳まで継続して遊びの素材になっていることです。年齢が上がると、子どもたちは同じ素材でより高度な遊びを創り出すことができますし、年下の子どもが年上の子どもの遊びを見て、新しい使い方をしたり工夫を加えるという可能性を含んでいるからです。市販の玩具のような使い方の決まった遊具では、ある年齢では楽しく遊んだとしても、少し成長するとつまらなくなってしまいますが、素材ならば、どんどん新しい遊びを考案したり、深めたりできます。つまり子どもは遊具に縛られずに、創造と想像をふくらませる道具として素材を使うことができるのです。

32 チューブは万能の遊び道具

ピストイアの乳幼児教育施設で頻繁に使われている遊び道具は円筒形の物です。筒、コイル、あるいはチューブ。日本の園で子どもたちがよく使う円筒形の物といえば、ラップやトイレットペーパーの芯でしょうか。コイル状の物といえば、玩具としてのびっくり箱くらいでしょう。チューブって何？と思われるかもしれませんが、私たちの身近にいろいろあります。たとえば、塩ビの水道管、水やりのホース、掃除機の蛇腹の管。でもチューブが遊び道具になるとは思いもよりませんでした。

ピストイアの保育園でも幼児学校にも、手で抱えるほどの大きい物から手先の操作が必要な細かい物まで、長さ、太さ、色の違うチューブがあり、その多様さに驚きます。ホームセンターにあるような業務用のチューブもありますが、赤や青の美しい色彩で、教材として特別に加工されていると想像される物もあります。

私たちが観察した事例を紹介します（星他 2014b, pp. 319-325）。

○ **0歳児**：ラゴマゴ保育園の0歳児クラスの部屋には、直径15センチメートルほど、長さ1メートルくらいのチューブが壁面に斜めに取り付けてあります。教師が一方からボールを入れると反対側から出てきました。一人

0歳児のチューブでの遊び

の子どもが模倣して、ボールを入れては反対側に行って落ちたボールを拾うのを繰り返していました。やがて、別の子が来て、一方がボールを入れると他方が出るのを待つという、二人の遊びになりました。

隣のコーナーには教師と3人の子どもが座っています。教師は直径10センチメートル、長さ1メートルほどの蛇腹状のチューブの片方から覗き、他方の端を一人の子の顔に近づけました。二人がチューブを通して目を合わせます。次に教師は「あー」と声を吹き込みます。声が届いて、相手の子は笑います。教師は細いチューブから吹いて、フーッと子どもの顔に吹き付けることもしました。子どもがそばの太鼓を叩くと、教師は蛇腹状のチューブをこすって、楽器のように音を出し、〝合奏〟しました。また、教師は太くて短い蛇腹状のチューブを立てて、中に玩具を一つ入れ、上から押して圧縮し、ぱっと手を放しました。なかから玩具が飛び出てびっくり箱になりました。細い塩ビのチューブは丸くしたり伸ばしたり、形をいろいろ作ることもできます。大人の働きかけがなければ、0歳児が自分からチューブを扱えるのは、なめるといった感覚的なことと、振り回すといった運動的なことだけでしょう。しかし教師のチューブを使った行動の結果に、子どもは驚いたり、笑ったり、模倣したりと、大いに興味をもちました。教師が見本を示し、子どもが自分で少しずつ扱えるようになると、教師は手伝ったり、ヒントを与えて後押しする側にまわりました。

0歳でチューブの扱い方の多様さを経験した子どもは、徐々に、遊びに自発的に使うようになります。

○**1歳児**：部屋のコーナーには、チューブやコイルが置いてある棚があり、その脇の机の上に棒が何本か立っているボードがあります。そこで子どもたちは、チューブを棒に通したり、チューブやコイルを入れ子にする遊びをしました。棒に通すには曲がったチューブではうまくいかないので、まっすぐなチューブを選ばねばなりません。棒よりも太いチューブでなければなりません。2つのチューブを重ねるためには、直径が同じか少しだけ違う2つを選ばねばなりません。こうして、試しては失敗し、それを繰り返します。この過程で形と大きさの認識能力が育っていきます。教師は時々手伝うだけで見守っています。

○**2歳児**：チューブや筒を木片や網のような性質の違う物と組み合わせて、形を作っていくのが見られました。細くて柔らかいチューブを網にひっかけて通す、しなる塩ビ管でアーチを作るというように、チューブの穴ではなく、しなやかさという性質に注目した活動もありました。木片の上に太い円筒を置いて、さらに木片を積んでいた子は、形を作ると同時にバランスの危うさを楽しんでいるようでした。

○**3歳児**：幼児学校にもいろいろな円筒形の物が置いてあります。3歳児クラスでは、筒を望遠鏡に見立てて覗く、2本の筒を両手に通して杖にして歩く、といった一人での象徴遊びを楽しむ子がいました。また、大きなチューブをかついだり振り回したりといった遊びを5～6人で遊ぶ姿も見られました。さらに、立てた円筒に砂を入れて円筒を持ち上げる、チューブのなかに鎖を入れてから持ち上げるなどと、形の固定した物に流動的な物を組み合わせて、下からザーッと流れ落ちる様子を繰り返し楽しむ子どももいました。

○**4歳児**：もっぱら2～3人でのごっこ遊びが見られました。チューブの形から着想された、長い筒でのチャンバラごっこ、蛇腹のチューブでの掃除機ごっこ、チューブを連結させた電話ごっこが展開しました。また買い物ごっこのように、一連のごっこ遊びの部分としてチューブが使われる形もありました。

４歳児のチューブでの遊び

○**５歳児**：子どもたちは太い筒、長いチューブと積み木を使って、共同で町を作りました。ある幼児学校では、たくさんの筒を立てて建物を表し、そこに積み木で駅、チューブで線路を作りました。別の幼児学校では、チューブを繋いで道路にしてミニカーを走らせ、短い筒で農場を作って動物のミニチュアを置きました。

このように子どもたちは年齢とともに遊びを発展させていきます。ただの円筒や塩ビ管からたくさんのインスピレーションが生まれ、どんどん遊びを創造していくのには驚かされます。たしかに、チューブは用途が決まっているわけではありませんから、物の方から遊び方を決めないぶん、扱う側の自由度が高い物です。しかし、既成の玩具で遊ぶのに慣れた子どもならば、ただチューブや円筒形の物を前に置かれても、戸惑い、遊ぶ物ではないと思うでしょう。ピストイアの子どもたちが創造的な遊びをするのは、幼いときから物の性質を知る経験を積み上げてきたからです。このような経験が、自発的に遊び方を発展させたり、使い方を発明することに結実するのだと思います。大人に求められるのは、このような素材を使って、子どもたちはどんなことを発見し想像するだろうか、という見通しを長いスパンでもつことだと思います。

33 光と影で遊ぶ

子どもは光に心を奪われることがあります。光や影には実体がなく、摑もうとすると逃げるし、変幻自在に動きます。見えるのに「物」ではないことが探索心を促すのでしょう。日本では晴れた日に窓から差し込む光は強くて、カーテンで遮ることが多いかもしれませんが、ピストイアの光はもっと弱く、差し込む光は柔らかいので、遊ぶのにちょうど良いのです。

保育園の0歳児クラスで観察したときのことです。ある子どもが窓から入る光を見つめていたことを発端に、教師は壁にペンライトの光を当て、子どもが光の先を捉えようとするとライトを動かす追いかけごっこをしました。それから手の影を壁に映して鳥や狐の影絵遊び。別の子はペンライトをもって振るうちに、自分から光の動きに注目しました。また天井にまで光が舞うミラーボールに子どもたちはびっくりしました。

この時のことを担当の教師は次のように語りました。

「クラスには以前から透明のCDケースがありました。最初は少数の子どもたちが光に興味をもって、頻繁に遊びました。やがて他の子どもたちも興味をもったので、私たちは、CDディスク、大きな鏡、銀色の包装紙、小さな玉、ミラーボールのように反射性や透明性がある物を提示しました。ある子が籠から（ＣＤと同じように）丸くて穴のあいた木製の物を取って太陽の光にかざして見たとき、他児も同じ物で試しました。その後、太陽の光の帯の前に立ったとき、子どもたちは自分の影が壁に映るのを発見したのです。私たちは子どもが興味や刺激を感じる素材を提供して、あとは自由に任せます。」

ある園の１歳児クラスでは、子どもたちが光で遊ぶ様子を追跡して、「月々の遊び」というドキュメンテーションにしました。実はとても科学的な現象である光がどれほど楽しい遊びになるか、どれほど多くの発見があるかが、壁に掲示されています。

◯ **９月（学年始め）――自分を見つけ自分を知る**：４人の子どもがタンバリンの半透明の膜にぼんやりと映った自分の姿を見つける。一人がタンバリンを掲げて、上に置いた物が映す影を裏側から見る。

◯ **10月――日光の反射**：ある子が窓からまっすぐ入ってくる光に手を出した。手が光の直線を遮った。教師は薄い透明プラスチックの板を渡した。板のしなり具合によって、光は板を通ったり反射したりする。反射の仕方も多様である。手も動かしてみる。他児も板に光を載せたり遮ったりして遊ぶ。光は摑もうとしても摑めない、切ってもまたくっつく。光は物に遮られる、物を通る、物に反射する、物に当たって方向を変える。

◯ **11月――光る紙**：電灯の光での遊び。銀色のアルミホイルが机一面に貼ってある。天井の光がぼんやりと映っている。子どもは自分が映っているのを見る。ゆがんだ姿なのがおもしろい。その上に小さい環や筒をいくつか置く。細い環もアルミホイルの上に載せると太くなる。筒は長くなる。

○**12月――光の筒**：暗い部屋の高い位置にある小窓から一定の角度で光が差し込み、壁に像を映す。まわりの壁は暗いので、光は筒か帯のように壁を白くする。その前に立つと自分の分だけ白い壁が黒くなる。

○**1月――プリズム**：暗い部屋で、教師はプリズムを通して光が壁に像を作るのを見せた。白い日光の帯にプリズムをかざすと、壁に青い小さい光点が映る。プリズムの作る三角模様を摑もうとするができない。子どもの手や顔にもプリズムを通った像が映る。自分の額に映った像に戸惑う子ども。プリズムを通した光は変化に富んでいて、その不思議さに子どもたちは驚く。

○**2月――光を求めて**：子どもたちはすでにプリズムをいろいろ試してきた。日光の当たった布にプリズムを当てる子、部屋に差し込む光の上にプリズムを置く子、靴の上に置いて反射を発見した子。子どもたちはプリズムをいろいろな場所や物の上に置いて、それが当たる物の性質や角度との関係で光が変化するのを探索した。

○**3月――暗闇と光**：天気が悪いので電灯の光を提案。日光と電灯の光の違い。電灯の光は固定している。周囲が明るいと反射は起きない。部屋を暗くして電灯の光を壁に当てる。子どもたちは光源を壁に近づけたり遠ざけたりして距離を変え、壁に映る像の大きさの変化を見る。壁の前で物をすばやく動かす、ぐるぐる回す。電灯の光は日光より制御しやすい。

半年間の光の遊びを通して、子どもたちはたくさんのことを学びました。日光はそれが当たる物によっていろいろ変化すること、光を介すると自分の身体が違って見えること、太陽の光と電灯の光は異なること。教師が用意したのは、タンバリン、プラスチック板、アルミホイル、プリズム、とありふれた物ばかりです。光とどこにでもある物を使ったこの活動は、日本でも参考になるのではないでしょうか。

34 芸術との出会い

「子どもの権利には美への権利が含まれなければならない。それは、文化と芸術に出会う権利である」（Galardini 2020a, p. 25）というアンナリアさんのことばは、ピストイアの乳幼児教育の基本方針の一つを表しています。

具体的には、芸術作品に日常的に接することの大切さです。彼女は日本保育学会第60回大会の講演のなかで次のように語りました。

「何といっても最高の美の教育は、芸術作品との触れ合いです。芸術を教えるのではなく、芸術の楽しさを感じさせるのです。美術館など芸術に親しめる場所に連れて行くこと、芸術や芸術家との出会いは、習慣化して初めて効果を発揮します。単に見て終わりというのではなく、後からゆっくり味わい直す時間を子どもたちに与え、より深く探究する方向に導くことが大切なのです。」（ガラルディーニ 2007, p. 22）

したがって、「それは教師による意識的な選択の成果でなければならない」のです。

教育現場では名画の複製が頻繁に使われます。私たちが観察した幼児学校でも、植物を顕微鏡で観察してからその植物の描かれた名画を見て自分でも絵を描いてみる活動をした学校、インスピレーションの材料としてモジリアニの肖像画を使った学校がありました。

街のなかで実際の芸術を体験することも積極的に行われています。マリノマリーニ幼児学校はピストイア出身の彫刻家マリノ・マリーニの名前を冠した学校です。ときどき市内のマリノマリーニ美術館に出かけます。この美術館には、アトリエ活動を行うための部屋があり、美術作品を見たあとで子どもたちがイメージを表現するのを指導員が手伝っています。

また、美術活動の児童館であるアレア・ブルーは、プロジェクトの一環として、市内の芸術作品を発見して歩く機会を幼児学校の子どもたちに提供しました。旧市街には中世の建物がたくさんあり、彫刻で埋め尽くされたファサード、古い壁画、タペストリーなどを見ることができます。あちこちの広場や公園には、近代彫刻や前衛的なモニュメントもあります。こうして、古い芸術も新しい芸術も身近に体験することができます。また街の何でもない風景のなかに美しさを見出す子どももいます。これらを見て、触って、感じて、それから学校に帰ってイメージを表現します。

市街中心部にアレア・ロッサという子育て支援施設があります。その広大な庭は何年ものあいだ荒れて放置されていたように見えたのですが、実は市役所で慎重に利用計画の検討が進められていたのです。この場所を、子どもと家族のための公園にする構想にもう一つ、芸術に親しむという構想が加わりました。「芸術で遊ぶ」をコンセプトに、この市営公園は２０１５年に完成し、空飛ぶ絨毯ならぬ「空飛ぶ公園」と名付けられました。市によると、公園の目的は身体・遊び・想像を大切にしつつ、子どもに美への嗜好、自然の世界へのパッション、発見の喜びを提供することです。

全体のデザインはもとより、大きな遊具もすべてデザイナーの作品です。シーソー、三角屋根のあづまや、ベンチもカラフルで、木々や芝生の緑に調和し、ファンタジックな気分に誘います。市のホームページ上のデザイナーのことばも、夢を掻き立てます。

「町の形の青いロッキングチェア（の遊具）は、ピストイアのお話を語ります。横になって、目を閉じて、静かに聴きましょう。」「子どもはこのゴムの階段をどんどん空まで登っていって何かを発見するのです。」「本当の魔法の絨毯が私たちの想像とファンタジーの赴くままどこにでも連れていってくれます。」「階段は地の底に、地球の中心に私たちを連れていきます。」

隠れ家のようなあづまやの壁が額縁になって、その小窓から見える築山は一篇の絵画そのものです。身体を芸術作品のなかに置き、触り、その上を歩き、遊ぶ。そんなコンセプトがはっきり伝えられています。たくさんの親子が遊びに興じる姿はまさに、美が生活のなかにある光景です。ここを拠点として、将来、芸術で遊ぶプロジェクトを発展させる計画があります。手始めの一つは、遊具に横になって、絵本の読み聞かせに参加することだそうです。

荒地利用に一切の商業主義を取り入れず、ここまで徹底して子どもと芸術の場に変える市の姿勢はうらやましいと同時に、そうさせるのはおそらく市民の力だろうと思います。「空飛ぶ公園」は以下のサイトで見ることができます。http://www.ilgiardinovolante.it/project/37/

第7章 教育活動のかたち

35 課題保育に似てるけど

ピストイアの教育では、子どもたちが自由に施設内を移動できる形はとっていません。各クラスの小グループはそれぞれ、何かの活動のための空間に導かれます。それは、造形やごっこ遊びのような活動別の部屋に行くことだったり、一定の遊具の入った籠を眼の前に置かれることであったりします。一見すると、日本の課題保育と同じように見えますが、考え方は違います。

ラゴマゴ保育園の１歳児クラスは２人の教師が担当しています。遊びの時間に、子どもたちは二つのグループに分かれ、それぞれ一人の教師がつきます。ある日のこと、一つのグループの子どもたちは、棒が立っている板が何枚かある机のところで、チューブやコイルなど筒状の物を棚から取って棒に挿していきました。教師が指示したりやってみせることはほとんどありません。筒の直径が棒の直径より小さくて棒に挿さらないようなときに助けることはありますが、全員に指示することはありません。棒挿しをしない子に注意の声かけをすることもありません。教師の与えた活動に子どもの関心が向かず他のことをしても、教師の目の届く範囲ならばそのままです。ここでは、場と課題の枠は教師が決めますが、そのなかで子どもたちは自由です。

幼児学校では、教育目標がよりはっきりした活動がなされますが、同じような光景がみられます。場所とおおまかな課題と材料は用意されますが、そのあとは子どもに任されます。

フィラストロッカ幼児学校の４歳児クラスの一つのグループはある部屋に行きました。そこはＯＨＰの他には何もない空間です。まず子どもたちは床に座りました。教師は馬と騎士のお話を読み聞かせ、次に部屋を暗くして、ＯＨＰで馬の像を壁のスクリーンに映しました。子どもがスクリーンの前に立つと自分の影がスクリーンに投射されます。お話から想像した動きをしたり、映っている馬に乗って走る仕草をしたり、騎士になって二人で戦いをしたり、それぞれのイメージで身体を動かします。ここでの教育の目的は、子どもが想像力を発揮する機会をつくることです。教師は馬の物語と影絵というきっかけを与え、子どもたちはそれぞれ、身体全体を使って想像したことを表現します。けれども、何もせずに床に寝ているだけでも、教師は何も言いません。

マリノマリーニ幼児学校の４歳児クラスのある小グループでは、教師は子ども一人ひとりに木の枝を渡して、ルーペで葉っぱを観察するように指示しました。その後、子どもたちは枝の絵を描きました。教師主導の課題のように見えます。しかし実は、この時間の前に、子どもたちは教師と森に散歩に出かけ、学校に帰ってから、もっと知りたいことを話し合いました。そのときに、ある子どもが持ち帰った木の枝に小さい虫がいるのを見つけたので、子どもたちはルーペで調べて絵を描くことに決めたのです。自分たちで主体的に提案した活動であり、教師はそのための材料を準備したのでした。しかも、教師は皆に同じルーペを配りませんでした。倍率の違うもの、丸いもの、四角いもの、Ａ４サイズの大きいもの、といろいろ違うルーペを渡しました。子どもたちは観察したあとで、ルーペを交換して、違った見え方を体験し、観察し考えたことを話し合ったのでした。

同じ材料を使って同じ活動をして同じような結果を得るならば、みんな同じだね、で終わってしまいます。あるいは制作活動のような場合には、一つの物差しで比較してしまうこともあるかもしれません。提案される課題は一つであっても、多様な物が使える、いろいろなやり方ができる、多彩な想像力を働かせられる、という活動であれば、一人ひとりの個性が発揮され、さらにそれを交換することで子どもたちの世界が拡がります。

幼児学校では、教師が大きなテーマの課題を設定してそこから子どもたちが具体化する場合もあれば、子どもたちの興味から発展して教師が課題を示す場合もありますが、いずれにせよ、そうして生まれた成果には子どもたちの個性のバラエティが表れます。その「いろいろさ」を楽しむことができるし、子ども同士のコミュニケーションも生まれて、次はこんなことをしたいね、ということに繫がっていくと思います。

36 小グループ活動の利点

日本の保育園で先生方と話しているときに、一人が担当する子どもの数が多くてたいへんだという話のあとに、「ピストイアでは先生一人当たりの子どもの数が少ないのでしょう?」と聞かれることがあります。ピストイアの市立保育園の規定では、教師一人当たりの子どもの数は、0歳児クラスが5人、1歳児クラスが7人、2歳児クラスが9人です。幼児学校では9~12人です。このことを話すと、乳児のクラスで案外子どもの数が多いことに驚かれて、しばしば、「どうやって保育しているのですか?」という質問がでます。

その最大の秘訣は小グループ活動でしょう。小グループでの活動の意味は次のように説明されます(Giovannini 2003a, p. 95)。

・子どもたちが仲間と頻繁にやりとりするのに役立つ。
・大人の側は、遊びの導きの糸となるプロジェクトを理解し、子どもたちのプロジェクトの完遂の援助のために介入することができる。
・大人は子どものやりたいことや、いざこざの原因を理解しやすく、調和のある関係を支えられる。

・小グループ内の関係性は、組織、探索、発見のダイナミクスに有利に働く。

ピストイアの乳幼児教育施設では、クラス全体の活動は朝の会くらいで、教育活動は小グループで行われています。昼食は皆一緒ですが、テーブルは小グループごとです。実際に観察した範囲では、小グループは、保育園では０歳の歩行児は３～５人、１歳児は５～６人、２歳児は７～８人。幼児学校では、３～４歳児が７～８人、５歳児では10人程度でした。この人数規模が、グループ活動と個人の活動のバランスという点で、うまく機能しているという印象をもちました。一つのグループを一人の教師が担当します。

０歳児を除くどの年齢でも、朝の会でクラス全員が一緒にひとときを過ごした後、小グループに分かれ、それぞれ教師がついて、別々の場所に行きます。空間にそういう余裕のないところは、部屋の半分ずつを二つのグループが分け合います。各小グループは別々の遊び活動を始めます。最も年齢の高い５歳児クラスでも10人前後なので、教師の目も行き届き、静かに活動ができて、なごやかな雰囲気です。

たとえば幼児学校で36人のクラスでも、全体を３人の教師が見るよりも、三つのグループに分かれてそれぞれ12人の方が、落ち着いた活動ができます。子どもが個々ばらばらではなく、さりとて集団の圧力で個が発揮できない状態でもなく、あるいは動線が混乱することもなく、互いに密に関わることができて、子どもたちにとっても、教師にとっても適切だという印象をもちました。

もう一つ、小グループの利点は、教師がそれぞれ自分の得意なことや自分で考えたプログラムを実行できることです。クラス全体で一つのテーマをもっていても、それをどんな活動に具体化するかは小グループ担当の教師の創意工夫が生きます。たとえば、ある幼児学校の５歳児の年間テーマには「自然」がありましたが、私が観察した時間には、一人の教師は植物の栽培をする、もう一人は美術の絵に描かれた動物の姿を探す、もう一人は動物の絵から発展してストーリーを共同で作るという、それぞれまったく違う活動でした。

小グループは学期を通して固定のこともあれば、適時組み直すこともあるようです。0歳児から2歳児の保育園では、月齢別に高いグループ、低いグループというように分けて、年間を通した固定グループであることが多いですが、途中入園の子が加わったり、年齢が上がれば子どもの月齢とは関係なく組んだりと、グループの入れ替えも適時のようです。幼児学校でのグループ分けは月齢別ではありません。どう分けるのかはわかりませんが、混ざることもあるので保育園よりも柔軟で入れ替わりがあるのか、と推察しました。

子どもたちにとって、小グループは、クラス全体よりも、メンバーが互いに親密になる集団です。子どもは、自分は集団のなかの一員であるけれども、集団に飲まれずに、主体であるという意識をもちやすいといえます。教師は子どもとの距離が近いので、子どもたちを個々の名前で呼びかけることができます。子どもは他のメンバーの気持ちや自分に求めていることを理解し、互いにどんな性格や特性をもっているかを摑むことができやすいということもあります。騒音の少ない空気は子ども同士のいさかいを起こりにくくします。集団のルールと個々の自由とのバランスも保ちやすい規模です。あまり少人数のグループは子ども同士の関係も単調になりがちですが、年長児でも最大10人程度のグループは、集団活動の点でも子どものバラエティという点でも適切な規模でしょう。

ただ、注意しなくてはならないのは、自分の小グループにいない子どもとの関係が疎遠にならないようにすることだと思いました。この点で、朝の会で長い時間をかけて全員が一緒に過ごす機会をつくっていることは、これを補う働きをしていると思われます。

37
大人の子どもへの関わり方

ピストイア市の教育憲章（No.９）では、「乳幼児の教育にはその独自性がある。市の教育のどの段階も自律的であり、より上位の教育機関のための準備ではない」と述べられています。この独自性について、教育コーディネータのドナテラさんは、「子どもは幼児学校に学びに行くだけでなく、生活するために、よく過ごすために行くのです。……他の子どもたちと一緒にいることは、子どもたちがする経験のなかでも、より質の高い経験の側面です。教師の注意は、グループにいる一人ひとりの子どもに向けられるものです」とインタビューのなかで語っています（星他 2014a, p. 44）。他者から切り離された子ども個々への注意ではなく、グループのなかのそれぞれの子どもとして見るという視点での配慮が大切だということです。さらに、グループのなかで、たくさん話をしたり、よくできる子どもに目が向かいがちだが、目立たない子どもに特に注意を払うことの重要性も指摘されています（Giovannini 2003a, p. 98）。

教師の個性によって子どもへの関わり方が異なるのは当然です。イルグリロ保育園のある教師は、「たとえば、私は子どもたちと一緒にいることが多いのですが、同僚のDさんは少し違います。（子どもに期待することも）２人は少し違います。子どもたちもそれが教師による違いだとよく分かっています。たとえば、私が提案したことを子どもたちは憶えていて、数日後に（Dさんにではなく）私に対して提案してきました」（星他 2015, p. 115）と、個性の違う教師と個性の違う子どもたちが関わり合う場ということが大前提だと言いました。そのうえで、教師たちの共通の認識として仕事の基盤となるのは、主役としての子どもたちが自律的に活動を進めるのを支援することだと語りました。

子どもに対する教師の基本的な関係は、「共生的」と「共感的」ということです。これは次のように説明されます。

「共生的な関係というのは時間をかけてつくられるもので、子どもたちをよく知り、たとえば真剣さや執着心のような、子どもの遊びへの取り組み方の特徴を知ることが基本になる。教師が遊びのパートナーとしての役割をとるときには、子どもに対する共感的な態度を発達させることができる。共感的というのは、〝ちょうど良いタイミング〟ということであり、互いに出会うことができ、誤解なく聴き、他者の意味を踏みにじらず、深い互いの親密さを基礎にしたハーモニーをもつことである。」（Galardini & Giovannini 2001, pp. 97-98）

「深い互いの親密さを基礎にしたハーモニー」とは難しい表現ですが、互いの信頼関係のなかで、子どもが大人を必要としたときに、大人はその必要なことに適切な距離と程度をもって応えてくれ、それにまた子どもが応えるという、二人の間の調和を言うのでしょう。

もちろん、いつもこんなぴったりした関係がつくれるわけではありません。しかし大人は子どもたちが遊ぶさまを注意深く観察して、その動作やことばの子どもにとっての意味を理解しようとし、そして意味を明確化する発言・コメント、子どものことばのリピートなどで、大人の気持ちを伝えます。誤解やずれは当然あるでしょうが、このやりとりが繰り返されていくうちに、子どもの気持ちを支えることができるようになるのでしょう。

ムリノ保育園の教師たちは、共感的な理解について語ってくれました。

「一人の子どもの内面までも注意深く観察すると、その子が安心して遊びに参加しているのか、それとも翌日あるいは次の週に遊びに加わるために状況を観察する必要があるのかを理解できます。例をあげると、初めて水彩絵の具を使う子どもは指や筆を使って絵の具を水で溶かすのですが、全く困難なしに熱中する子どももいれば、しばらく観察する子どももいます。瞬時に始められない子に、教師が『いらっしゃい！ やってごらん！』と言ってはいけません。その子は観察しながら、次の機会にはブロックしていた気持ちが溶けて、自分から活動に参加するでしょう。」（星他 2015, p. 126）

共生的態度、共感的理解ということは、おそらく日本の保育者の方々も常日頃努力しておられることではないでしょうか。しかし実際には簡単なことではないと思います。

そこで問題となるのは、子どもに対する教師の位置取りです。イルグリロ保育園の教師は、「映画監督のスタンス」と表現しました。映画監督は場面を設定し俳優に説明しますが、主人公として演ずるのは俳優です。それを監督は観察していて、必要なときに介入します。教師の子どもに対する関係はこれと同じだと言います。おおまかな遊びは設定するものの、子どもたちの傍らにいて観察し、子どもが自ら動き、互いに関わるように見守り、必要なときにだけ介入するのです。

ラゴマゴ保育園の教師のガブリさんは、私たちのインタビューに、ずばりと答えました。「私たちは子どもたちに必要最小限のことだけ話します。というのも、子どもの考えを中断させたり、行動に介入したりしないようにするためです。やっていることを中断させないように注意しながら、新しい可能性を提供します」。私が、こうして遊んでごらんとは言わないのですね？と聞くと、彼女は「見ています」と言いました（星他 2014a, p. 113）。

そこでは、子どもとの実際の距離の取り方も関わります。私が過去に行った日本とフランスの保育の比較研究では、日本の保育者は身体的にも心理的にも子どもに密着する傾向が強いのに対して、フランスの保育者は、大人としての位置に留まっていて子どもとの距離が大きい、という違いが見られました。この点、ピストイアの教師たちは、この中間にいます。子どもとの距離の取り方がくっつきすぎも離れすぎもせず、ほどよくバランスをとっていると思いました。これも教師たちが子どもをしっかり観察する力を身に付けているからだと思います。

38 習慣的儀式「リチュアル」

ピストイアの教師たちのことばにも文書にも、「リチュアル」ということばが頻繁に出てきます。「リチュアル」とは、一連の活動が時間の経過のなかで繰り返し同じパターンで習慣化し、一種の儀式になっている状態のことを言い、「習慣的儀式」と訳されます。

ピストイアでは、リチュアルが教育の一つの要素として意図的に扱われています。一人の子どものリチュアルだけでなく、特に、子ども同士のリチュアルの共有や伝播、また集団でのリチュアルの次のような形に教師たちは注目しています。

○子どもたちが自発的な遊びのなかで行うリチュアル。「いないいないばあ」のような一定のパターンを繰り返して遊ぶ場合です。このリチュアルは、親しさ、楽しさの共有を生み、子ども同士の結びつきを強めます。たとえば、一人の乳児が壁に手を当ててワーと大声を出すのを繰り返すと、それを見た他の子どもたちも模倣して壁を叩き大声でふざけ笑いをする、これが一種のフォーマットになって皆で繰り返すというように。

○教師の設定する活動で、皆が同じことを一定の順序で行うリチュアル。たとえば、毎日の朝の会で皆が「おは

よう」と言い、歌を歌い、出席をとることが習慣化している場合がこれに当たります。ピストイアの教育のなかでの例として、昼食の時間でのリチュアルがあります。詳しくは、食事の項（No.21）で述べていますが、テーブルクロスをかける～前菜、主菜、デザートの順に食べる～コーヒーを飲む、というイタリアの食事の伝統的習慣が定式化して取り入れられています。このリチュアルは、穏やかな雰囲気と同時に、グループのアイデンティティを強める情動的に濃密な場面をつくり出し、子ども間の関係と集団への所属感を培う、と考えられています。

○子どもたちの反復的な行動から知的な発展が起こるリチュアル。ピストイアの教師たちが特に教育的に意味があるとして注目するのは、このリチュアルです。子どもたちは、同じことを反復する過程で新たな発見をする場合があります。また行動パターンの繰り返しといっても、全く同じことの反復ではなく、少しずつ変化が加わったり、子どもが意図的に変化させたりします。偶然の出来事で変化することもあります。その変化から活動を発展させることができますし、そこに教師が教育的な介入をできると考えます。

この三番目のリチュアルについて、ラゴマゴ保育園のある教師が語った具体的な例を紹介します。朝の会では水を飲みますが、このとき、教師はコップを机の上に並べて、水差しから水を注ぎます。子どもたちは静かに待つために、目を閉じ机に耳をつけて、水が注がれる音を聴きます。毎日のこのリチュアルは０歳から２歳まで続けられます。ある時、一人の１歳児が、水の音が違うと言いました。１歳児は水が落ちる高さと音の関係に気づいたわけではありませんが、毎日聴いているうちに、音が異なることを発見したのです。２歳児クラスになったとき、子どもたちは注ぐ高さが違うと音が違うことを見つけました。そこから、なぜだろう、という疑問が起こり、話し合いが進みました。

さらに興味深いのは、このグループでのもう一つのリチュアルからの気づきです。水を飲んだあと、教師は片づけるのにプラスチックのコップを重ねます。１歳児クラスのとき、重なったコップを見て、一人の子が「たかーい」と言いました。２歳児クラスになって、一人の子が退園したあとで、ある子が、その子がいなくなったから「コップの塔が小さくなった」と言いました。全員が出席した日には、「今日は塔がとっても高い」と言う子がいました。そこで、教師は子どもの人数と塔の高さの関係について話しました。二つのことがらの関係性に興味をもった子どもたちは、コップの塔の脇に立って、塔のてっぺんがＡちゃんは腰のところだけれど、Ｂちゃんは顔のところに行く、と測定をしたのです。教師は柱に定規を括りつけて、身長を測れるようにしました。そこから、子どもたちの測定への興味はどんどん拡がって、体重を測ることにまで至りました。子ども自身のこのような発見と洞察は、毎日繰り返された習慣だからこそ生まれた、と教師は考えています（Musatti et al. 2018, pp. 201-221）。

ともすれば、リチュアルはただ習慣になっているだけと、大人は軽視しがちです。しかし、子どもの行うどんなことにも教育的な意味があるという視点をもつと、子どもが表現している意味を感知するアンテナを大人がもつことができ、教育の可能性が拡がることを、ピストイアの実践は教えてくれます。

第8章 共同生活のなかの子ども

39 集団についての考え方

幼児学校でも保育園でも、集団での活動が多いことは、ピストイアの乳幼児教育の一つの特徴です。関係者の発言や文書でもしばしば、グループ活動や集団への所属感ということが語られています。ヨーロッパ社会は個人主義だという固定概念から見ると、意外に思えるかもしれません。実際に、それまでグループ活動の少ない国を見てきた私は、最初は、ピストイアの乳幼児教育は日本にとても似ているという印象をもちました。

保育園も幼児学校も、一日のメインは二つの集団活動です。一つは小グループの遊び活動、もう一つはクラス全体での朝の会と昼食です。現場をよく見ると、この二つのグループ活動の集団についての意図の違いが見えてきました。

小グループの活動（No.36）での「集団」についての基本的な考えには、みんなで同じことをするということはありません。一斉に教師の方を向いて指示に従うことも移動の時以外はありません。それぞれ違う個人と個人が集まって、個々の経験を共有し、繋がることが集団だと考えます。一人で遊ぶよりも、友だちと遊ぶ方が楽しい、自分がすることを友達に見せると相手も見せてくれるという相互関係が生まれる、それが4

人になり10人になるとたくさんの繋がりができる、こうして集団になるのです。集団は個人から成っているという当たり前のことを考えれば、不思議ではありません。保育園での絵本の読み聞かせのときですら、教師のそばに行って聴く子、ソファの上で聴く子、床に転がって聴く子、とさまざまで、一人で好きな本を片隅で見ている子もいます。

日本でいう「集団」とは何か違う雰囲気があるのです。何が違うのだろうと観察を続けていると、一つの輪のなかに全員がいる「集団」というイメージよりは、糸で繋がった「集合」のイメージに近いのではないか、と思えるようになりました。

教育コーディネータのドナテラさんがインタビューで語ったことばは印象的です。

「子どもにとって同年代の子どもは資源です。経験や言語や意味を互いに分かち合う子どもたちのグループができるとき、子どもたちの文化も形づくられるのです。」（星他 2014a, p. 44）

集団とは子ども同士が分かち合っている状態ということばは、私にはとても新鮮に響きました。グループをひとまとまりの集団と考えるのは大人の視点であって、子どもの側からみれば、大勢であっても個々が繋がっている状態です。自分が興味をもったことが他の子どもに伝わる。また自分では感じなかったことを隣の子が感じたことがおもしろい。こんなことが、子どもから子どもへと連鎖していって、子どもの間で共感や楽しさを分かち合うとき、グループが自然にできる。これがグループの基本という考えです。したがって、教師の「集団づくり」とは子どもと子どもが繋がり合うように援助することだと、1歳児担当のある教師は言いました。実際の観察でも、たとえば、ラゴマゴ保育園の２歳児の事例（No.11参照）では、教師は、双眼鏡で外を見ている子どもに視線を向けている子に声をかけて引き入れ、さらに別の子も興味をもって、結局５～６人のグループができていました。

一方、クラス全体が集まる朝の会（No.20）と昼食（No.21）の際には、別の集団の姿があります。ここでは、クラス集団の一員であることが意識されています。一緒におやつを食べ、遊んだことや家庭のこと等々を話し合い、楽しい雰囲気を通して互いの親密さを確認することで、クラス集団への所属意識を高める、と教師は語りました。出席をとるときは、一人ひとりの名前を呼んで、それぞれがクラスの仲間であることを確認し合います。

子どもが集団と関わるもう一つの時間は当番の役割を果たすときです。詳しくは別項（No.45）で述べますが、当番という役割を設ける狙いには、子どものなかに、自分はグループ全体の役に立つという意識が生まれ、集団への所属感を強めることがあります。当番が役目を果たすグループは、年少児では小グループですが、年長になると、クラス全体あるいは学校全体になるように設定されています。

40 個と集団

前項で、ピストイアの教師たちの考える集団活動とは、互いに個を尊重しつつ分かち合うことだと述べました。では、個と集団のバランスはどのように実践されているのでしょうか。

その基本は、同じ場所と同じ課題という大きな枠組みのなかで、個人のやりたいことや、やり方を認めるということでしょう。観察した事例を挙げます。

マリノマリーニ幼児学校の4歳児クラスの部屋には多様な自然素材があります。皆で森の小道を部屋の中に作るという共同のテーマを子どもたちが考え出しました。何を使ってどう作るかは個人に任せられます。二人の女児が机の上に細く長い木の枝を置いて2本の細い道を作りました。別の子が来て2本の間に松かさを並べ3本目の道を作りました。また別の子が葉っぱと松かさを最初の2本の間に置いて太い道ができました。そこまではよかったのですが、さらに子どもたちが来ては加えることが続いて、とうとう植物の山のようになってしまいました。教師が一人ひとりにどんな意図で置いたかを聞いてメモし写真に収めました。一方、床の上で、木の皮で円形の道、松かさでうねる道、と一人で作る子どもたちもいました。結果としては道とは言えない形になったのですが、活動の過程は、小道つくりという大きな枠組みとしての集団活動と

個々の子どものやりたいことが共存する場面でした。教師たちによれば、長期間にわたってある集団の場での活動をしていると、子どもたちはやりたいことを互いに共有するようになり、自然に共通の目標をつくるようになる、ということでした。

全体と個が両立していると思われることも観察されました。たとえば、小グループでは、教師は「皆さん」ではなく、個々の子どもの名前で呼びます。「皆さん」と呼ばれている状態では、「皆」の全体性のなかに個人が埋没してしまいます。個人の名前を呼ぶことで、教師はグループのなかの一人ひとりと対面していることを表明しているのです。小さなことのように見えますが、毎日の繰り返しのなかでの「隠れたカリキュラム」になるのだろうと思います。

もう一つ特徴的なことに、朝の会での出席とりに非常に長い時間をかけることがあります。出席とりは必ず儀式を伴っています。たとえば保育園では、歌を歌って最後に名前を呼んで指差すことを全員について繰り返します。幼児学校でも、当番が一人ずつ名前を呼び、呼ばれた子が自分の名札をボードに掛けに行きます。このように、一人ひとりの名前を呼ぶのは朝の会のメインイベントで、集団のなかでも個を重視することと、クラス集団への所属感の確認という、違う面が両立する働きをしています。

教育コーディネータのドナテラさんによれば、集団のリズムがわかりやすく予測可能な状況のなかで、個人が自分のペースで時間を過ごせるときには、子ども個人のリズムと集団のリズムの均衡がとれており、子どもたちはここちよい状態にいる、ということです。

個人と集団の両立が難しいのはどんな時でしょうか。

たとえば、昼食時です。食べるのが速い子も遅い子もいます。おかわりしたい大食漢も小食でなかなか食べない子もいます。皆と一緒に食べる気分にならない子もいます。食事での集団のペースと個人のペースへの配慮について、教師たちに聞いてみました。個人の身体的・心理的ニーズを満足させることと、皆で楽しく一緒に食べるというイタリアの社会文化的な価値観を両立させることに気を配っている、とある教師は言いました。「○○ちゃんが食べてるからあなたも食べよう」とは決して言わず、それぞれの子の日頃の食べる量を把握し、楽しい空気をつくりながら、どこで妥協するかを考えて実践するということでした。また、二人用の小さいテーブルが大きなテーブルの脇に用意されていて、一人で食べたい子どもは、希望すればそのテーブルで食べられるのも妥協の一つの形です。

遊びの時間に子どもたちが蜘蛛の子を散らすようにばらばらになってしまってまとめられない、というときにも、子どもが部屋から出てしまわない限り、教師は悠然としています。物を置く位置や、自分のやり方を変えてみることもあります。子どもたちもそのうちにやりとりが増えると自然に収まります。時間がたっぷりあることや、騒がしくないこともあるのでしょうが、やはり、友だちといるのが楽しいという気持ちが、ゆるいまとまりを生んでいるのだろう、と推察しました。

41 子どもたちの社会関係の二つの面

ピストイアの教師たちにとって、乳幼児教育施設は「個人内の発達を他者と共有していく場」です。子どもの社会関係の発達というと、社会性という個人の能力として考えられがちで、そうすると、他者もまた個人の発達に役立つ存在として見ることになりますが、ピストイアでは、個人と個人が作る関係、そこから生まれる社会的雰囲気もまた教育の重要な要素だと考えています。

本項では、社会関係のこの二つの面について考えていきます。

（1）一人の子どもにとっての仲間

同じ空間で長期間仲間と一緒に共同生活をすることは、一人の子どもにとってどんな意味があるのでしょうか。改めてピストイアの教師たちが考えていることを挙げます（Musatti et al. 2018, p. 96）。

○大人とは異なり、同年齢の仲間は自分に近い能力をもっているので、模倣しやすく、したがって学びとることも多くまた容易である。一方、二人の意思がぶつかったときには、互いに調整し合うことを学ぶ機会になる。

○毎日長時間一緒に生活するなかで、他者の感情、能力、振る舞い方など、仲間についての知識を得て、他者のアイデンティティへの理解が増す。
○長期間を経るなかで、自分も仲間も変化し、共通の習慣・知識・感情をもつ集団も発展することを経験する。
○さまざまな外見と行動をもった他児たちがいるという「多様性」に出会う。

このような経験を通して、子どもは社会性、あるいは非認知的スキルと呼ばれるような能力を育みます。

（2）子どもたちの間にある社会的雰囲気

もう一つの面は、個人と個人の間に存在する関係です。集団のダイナミックス、社会的雰囲気と呼ばれるものです。ピストイアの教育の助言者であるトゥーリア・ムザッティさんは、心理学者のブロンフェンブレナーの理論に基づいて、次のように述べています。

「直接的な相互作用のある身近な環境において、他者の活動は、意味や目的を備えていると感知されれば、子どもの心理的な場の一部となる。なぜなら、他者がそこに引き込まれて参加したり、注意を引き寄せられるからである。したがって、多くの子どもが参加する場での教師の教育的な介入は、子ども一人ひとりの省察に気づいて支えるだけでなく、子ども同士の相互的な注意や省察の共有を助けたり促すものでなければならない。」

（Musatti et al. 2018, p. 36）

個人の社会性の発達と個人と個人の間に存在する関係は、別々のものではありません。相手に対する注意・期待や興味、相手からの視線や触発、そして相互のやりとりから、二人の間に知の共有と共感関係が生まれ、社会的雰囲気がつくられます。つまり、社会的雰囲気は、社会関係の要素、知的な要素、情緒的な要素すべてによって、その場全体を覆っているものです。

比喩的に言えば、各自が互いに興味を惹かれ合う「糸」が存在し、それが紡がれ織物を作っていきます。大勢いればたくさんの糸が織る大きな絨毯を作ります（Musatti & Mayer 2011b, p. 4）。関与するやり方と程度は各自の興味・能力・発達の状態によって異なりますが、そこに共通の土台が生まれ、毎日一緒に過ごすなかで、生活の共通の土壌（Musatti et al. 2018, p. 14）がつくられます。これが社会的雰囲気であり、子ども個人の行動も子ども間の相互作用も方向付けるものです。

社会的雰囲気は、「(子どもの) 相互作用と個人間の関係およびその活動の質の結果として生じるものの、それらの代数和では決まらない」（Musatti et al. 2018, p. 14）というように、個々の子どもたちの特性を超えたものであり、同時に教師たちがつくる環境にも大きく影響されます。

したがって教師は、担当の子どもたちのつくりだす良い社会的雰囲気とは何かを省察し、そのための環境設定を工夫します。また施設全体の社会的雰囲気づくりも目指します。社会的雰囲気は個々のグループによって異なるうえに、刻一刻と変化するものですし、また保育園と幼児学校でも違います。しかし、ピストイアの教師たちが共通に目指すのは、それが「穏やかである」ことです。

42

穏やかな社会的雰囲気をつくる

ピストイアの保育園と幼児学校で子どもたちを観察していると、いざこざが少ないのが目につきます。しかし、何年か観察するうちに、いざこざはあってもその形が穏やかなのだと気づきました。

1歳児でも、遊具が一つだけだと、一方が貸してくれるのを待つ、他方は少し遊ぶと渡す、あるいは他児が同じ物をもってきて待っている子に渡してくれる、と、互いに解決を図ることが見られるのです。

ピストイアの教育では、子どもたちがここちよく落ち着いて園や学校での生活を送ることが重要な目標の一つであり、そのために穏やかな社会的雰囲気をつくることに、教師たちは大きな配慮を払っています。グループ全体を覆う穏やかな社会的雰囲気は、子ども個人の情緒への影響はもちろんのこと、「一緒にいることの喜び」という感情も子どもたちの間に生んで、子ども同士の関係が穏やかになります。また、好奇心、感嘆、知識欲、興味が叶えられたときの喜び、能力を発揮したときの満足感などが芽生える下地となります。ピストイアの教師たちからしばしば聞かれることばに、「一人でいるのは楽しい、でも友だちといるのはもっと楽しい」があります。それは、「強い教育的意図の結果であり、ケアの倫理の実践の一つである」(Musatti et al. 2018, p. 125) と教師たちは考えます。つまりそれは自然につくられるものではなく、教師たちの綿密な省察による教育実践だというのです。

穏やかな社会的雰囲気をつくるために、教師たちは以下の点を挙げています。

○日常の日課のリズムを一定にする。登園・登校～朝の会～遊び～昼食～（午睡）～遊び～降園・下校の毎日のルーティンのリズムを同じにし、急に予定を変更したり臨時のイベントなどを極力行わない。

○生活の基本的な規則（何がよくて何はしてはいけない）という一定の枠組みを子どもたちが理解している。

○日課活動の区切りを大きくして、一つに十分な時間をとり、子どもが急かされることなく、ゆったりと自分のリズムで過ごせるようにする。

○空間の配置もできるだけ変更せずに場面の安定性を確保する。同じ空間に同じ備品がある、遊具がいつも同じ場所にあるなど。

○子どもが集団から離れて、心を落ち着かせることのできる隠れ家、小屋、箱、などを用意する。

○教師はクラス内であまり移動しない。遊びの時間は担当の子どもたちの近いところに位置を定めて座り、動き回らないで済むようにする。立って指示したりはしない。立っていると動くことになるし、子どもの目線から高くなりすぎる。

○聴覚的にも、教師の声を大きくせず、騒がしさを避ける。

○運営上の工夫として、小グループ構成および３年間もちあがりの担任制をとる。

○学年始めや入園・入学から間もない時期、幼い子の場合は特に、登園・登校時に寄り添い、「クラスはあなたを待っている」「みんな一緒に分かち合う一日が始まる」というメッセージを伝える。

○大人同士の良好な関係の雰囲気は子どもに伝わって、子どもは安心し、仲間との良い関係に効果を与える。
○子どもにポジティブな期待をもつこと（ピグマリオン効果）が、子ども同士の関係にプラスに影響する。教師が子どもたちにもつ信頼感が、クラス全員の感情を包む。

この最後の点は特に注目すべきだと思います。子どもは大人が自分に向ける眼差しに敏感ですから、大人が自分を肯定的に見てくれれば、それを感じて、自分は信頼されているという感覚をもつでしょう。

ムリノ保育園の2歳児クラスの教師にインタビューをしたとき、「子どもたちは、クラスの大人同士が良い関係にあればそれを感じます。」と言われたので、「先生の間で意見が合わない場合はどうされるのですか？」と質問しました。答えは、「大人の知性が必要です。もし不満や怒りを刺激したいと思えばできますが、それぞれが皆に対して心を開いた状態でいることは知性のしるしです」でした（星他 2015, p. 133）。子どもへの接し方に教師の知性が問われるということばが印象に残りました。

43

3歳未満児同士の関わり

乳児期から質の高い保育園で生活することは子どもの発達にとって意味があるという見方は定着していますが、特に有意義な点として、仲間との共同生活をすることの利点が挙げられます。兄弟も近隣地域の子どもも少ない現代では、保育園が年齢の近い仲間と接する唯一の機会という子どもも多いのではないでしょうか。

乳児保育に携わっておられる日本の保育者の方は、生後３－４か月の子どもたちに、仲間との相互関係に至る素地があるのを見ておられるでしょう。まだハイハイをしない二人を並べて寝かせると、相手の柔かい皮膚や匂いに惹かれ、相手の身体を触ることは日常的に見られます。あるいは、一人の子どもが遊具をいじっていると、他児が気づくことがあります。物だけに注意がいく段階から、やがて、それを扱っている相手に注意が向くようになります。移動できるようになると、近づいて行って、相手の顔を窺いながらその子の持っている遊具に触ろうとし、そのときに二人の視線が合うこともあります。遊具をもっていた子が、相手が近づきそうになると、取られるのを避けようと背中を向けることもあります。ここでは、物を介して自分と他児を繋ぐ回路ができていることがわかります。さらに、遊具で遊んでいる自分をじっと見ている相手の視線に気づいて笑顔を返す、他児とのやりとりへの積極的な期待をもって相手の視線を求める、また相手がそれに応えて視線を返す、というように、視線による相互の肯定的コミュニケーションも見られます。相互的なコミュニケーションが活発になると、子どもは仲間の属性（名前、両親、表情や行動、好きな物、所有物、ロッカーの棚）を知って、「この子は……だ」ということ、また子どもたちがそれぞれ違うことを認識します。泣いている子を慰める、新入園の子を助ける、というような愛他的な行動も芽生えます。

人と人の関係をだいじにするイタリアの風土が背景にあるかどうかはわかりませんが、ピストイアの保育園の教師たちは乳児同士の関係にとても注意を払っています。遊びのなかで子どもたちの間に自発的に繋がりが生まれ発展するように支えることが、教師の重要な役割だと考えています。

１歳児同士の関係について、教師はたとえば次のような過程であると考えます。

一人の子どもAがある行動を始めたのを、別の子どもBが関心をもって見ている場面をとりあげると、Bは漫然と見ていたのではなく、見たことから何かを考えたり、解釈したり、ヒントを得ていると教師は推測します。そこからBが起こす行動は、Aの模倣かもしれないし、Aから少し隔たった行動かもしれないが、Aと無関係ではない。二人が少し年長ならば、その間に身振り、表情、笑い、声のような手段でやりとりが生まれるかもしれない。それを見てまた別の子どもたちが反応する。こうして、子どもたちがそれぞれの発達の状態ややり方で参加する、行為の意味が他児に伝わる、他児の行為の意味を理解してそれに合わせる、互いに調整する、といったことが続き、共有財産としての同じ考え、同じテーマや目標に行き着く。つまり「意味の共有」がつくられる。このような過程です。この過程が可能になるように支えたり介入するのが、教師の役割だと考えるのです。

つまり、教師たちの役割は、一人の子どもが興味をもったことが他の子どもたちに伝播するように支えて、共有を促すことです。ピストイアの教師たちと一緒に研究をしてきた国立認知科学研究所のトゥーリアさんは、教師の役割を「共鳴箱」と呼んでいます（Musatti et al. 2018, p. 252）。「仲立ち」ではなく、「共鳴箱」というのです。そこには教師も子どもたちの遊びをおもしろいと感じて共感するという意味が含まれています。教師自身が共感したことに子どもの誰かが反応すれば、それが「支え」になるし、共感したことをもっと積極的に他児に誘いかければ、「介入」になります。ある教師は、「子どもたちと一緒に日々何かを発見でき、日常の次元を特別なものにできた。グループの運営が容易になったばかりか、感動と楽しさも増した」と言っています。とはいえ、子どもと一緒に楽しく遊べばよいというのではないし、教師自身の好みに子どもを引っ張ることでもありません。子どもたちに共感しながら、なおかつ客観的に見通す視点ももつ、ということです。難しく聞こえますが、日本の保育者の方も日頃なさっていることなのではないでしょうか。

44 いざこざへの教師の対応

1歳児は互いに関わりたい気持ちが強くなる半面、いざこざもふえる年齢です。2~3歳児は自我を主張してトラブルが起きやすくなります。4~5歳児が互いに調整してトラブルを解決すると、成長ぶりに拍手を送りたくなります。子ども同士の衝突は発達の証でもありますが、程度問題であり、トラブルが多い状態を避けたいのは言うまでもありません。

ピストイアの子どもたちが、いざこざが少ないのは明らかです。最初は、自己主張しないのではないか、衝突を解決する力を養えないのではないか、と私はやや否定的に見ていました。

しかし、観察しているうちに、感情が爆発して手が出る前に、自力で解決する場面が見えてきました。教師たちも幼い子は自力で解決する力がないとは考えていません。物の取り合いで、取られそうになった子は、大声で叫んだり泣いたりせずに、ウーンと唸りながら全力をこめて相手に向かいます。泣いて大人にアピールすることに注意が向くと手に力が入らないので、取られてしまうかもしれません。互いの力のせめぎ合いの結果、どちらかが諦めるか、譲ります。教師はあるときは見て見ぬふり、あるときはことばかけをして様子を見守ります。割って入るのは叩いたり噛みついたりしそうなときです。

私たちが観察したいざこざのエピソードを二つほど紹介します。

○**イルグリロ保育園、２歳児**：テラスの砂箱で砂遊びをしていたとき。Ａちゃん（男児）が砂の入った容器にストローを立てたものを作りました。Ｂちゃん（男児）が興味をもって近づきストローを１本加えます。Ａは嬉しそうにＢを見ますが、Ｂは容器に手をかけて取ろうとし、Ａはキーっと言って引き戻します。一緒に作るのは嬉しいけれど取られるのはイヤというわけです。Ａは教師をチラと見ますが応えてくれません。ＢはＡの頭をなでて笑い、隙を見て容器を取ろうとします。Ａは周到に逃げます。教師は遠くから見ていましたが、やって来て「ローソクつきのケーキができあがって、最高の気分ね」と言って去りました。Ｂはバースデーの歌を歌い手を叩き、Ａは笑います。Ｂはストロー（ろうそく）を吹いて遊ぶふりをしながら引っ張ります。Ａは笑いつつ、「ぼくがぼくが」とあくまでも容器を放しません。結局Ｂは諦めて場を離れました。

○**コッチネラ幼児学校、３歳児**：ごっこ遊びコーナーで大勢の子どもが遊んでいます。教師は定位置で全体を見ています。背が高くがっちりした体格のＣちゃん（男児）と小柄なＤちゃん（女児）が鍋を摑んでもみ合っています。二人とも鍋の持ち手を放しません。Ｃが時々教師を見ますが教師は見て見ぬふりです。Ｃが教師の助けを求めて力が少し抜けた瞬間に、Ｄがしっかり摑み引き寄せます。ＣはＤの手を払おうと押すとＤはさらにしがみつきます。この攻防の間、二人は無言のままです。結局Ｃが力で勝って鍋を取ります。Ｄは離れていましたが、Ｃが鍋を置いて後ろを向いた隙に戻ってきて、鍋を取って去ります。Ｃは追いかけて、教師に助けを求めますが、教師は見ません。また二人はもみ合い、小さいＤは力で負けて手を放し、Ｃが取り返します。

この二つの取り合いのエピソードでは、年齢の違いはあっても、取ろうとする側は、取ろうとしてだめなら、隙をつく、別の物や「ふり」で注意をそらしフェイントをかける、といった作戦をとっています。取られる側は、教師に助けを求めようとしても相手にされず、その隙に相手に付け込まれそうになります。二人とも泣いたりわめいたりはしません。こうやって、自分で注意力と判断力を駆使して、相手に向かうのです。

いざこざへの対処を教師に聞くと、「よく話を聴く」「きちんと説明する」など、日本と変わりません。実際にいざこざが起きたときの教師たちの方策はどうなのでしょう。イルグリロ保育園で聞きました。

「私たち教師が喧嘩を減らそうと一生懸命だった頃、子どもたちは人形が1個でも10個あっても同じように喧嘩をしていました。でもあるとき、喧嘩がなくなったのです。信じられませんでした。子どもたちが変わったのでしょうか。子どもたちに耳を傾ける私たち教師が変わったのです。たとえば、子どもが家から持ってきた玩具を他の子どもが取ろうとします。私たちの介入は、お互いが歩み寄るように助けることです。その子が貸したくない場合は、貸しません。玩具はその子の物ですから。私たちの結論は他者を尊重すること、それだけです。子どもは園で自分の玩具を持っている権利がありますが、仲間と分かち合いたいのなら、そうします（日本では私物の玩具をもってくることはないでしょうから、『今自分が持っている人形』と言い換えてもよいでしょう）。子どもは自分の権利を保障され信頼されていると感じますが、分かち合うほうがもっと楽しい、友だちに物を貸すと喜んでくれると分かると、貸すようになります。」（星他 2015, p. 120）

介入の際には、「子どもとよく話し、理解しようと努めます。『あなたがしたことは、この子には嫌だったのよ』と、まだ言葉を話さないうちから話します」ということで、日本の先生方とあまり変わらない、と思いました。

ムリノ保育園のリディアさんは、ある子どもが他児の物を壊しそうになった例について話しました。

「このような場合、『してはいけません』だけでなく理由を説明しますが、『あなたのしたことは良くない』と言うのであって、『あなたが間違っている』のではありません。また、友だちに不愉快な思いをさせる行為を頻繁にする子どもには、ポジティブな支援を与えます。もし、良くないことを五つして、一つ良いことをするなら、その良いことを支援するのです。」（星他 2015, p. 134）

二人の子どもが一つの物に接近したときに、「いざこざが起こりそう」と大人は介入しがちです。しかし、悪い結果を想定するのではなく、「二人ともその物に興味をもっている」と期待する目で見ることが子どもに伝わり、物を奪うのではなく交代に遊ぶ方向に向かわせる、と教師は言います。「二人とも一緒に遊ぶだろう」という大人の期待の目は、自分が信頼されている感覚を子どもに与え、相手にも信頼感をもつことを可能にするのかもしれません。

45 当番の役割

ピストイアの保育園でも幼児学校でも、その日の当番があり、クラスやグループに対して責任を果たすことが教えられています。基本的には当番は責任をもつグループに1人です。2人だと責任が分散してしまうからで、社会的責任の意味をきっちり教えるためです。何かが起こっても（もちろん教師が見守っていて必要なら助けてくれますが）、自分で何とか解決しなければならないのです。

幼児学校ではその日の当番が順番で決まっています。仕事は朝の会から始まります。

フィラストロッカ幼児学校の4歳児クラスのある日の朝の会は、出席者確認から始まりました。箱の中に子どもたちが自画像を描いた絵カードが入っています。当番の子が箱からカードを1枚取って見せます。その絵の子は返事をしてカードを受け取り、ボードに架けに行きます。欠席の子については当番がカードを裏返しに架けます。全員の出席とりが終わると、次に当番は前日子どもたちが作ったメダルの包みを持ってきて開け、それぞれの作り主に配りました。これは翌日の活動の準備だったようです。このように、朝の会のすべてを当番が仕切ります。教師は一緒に座っていて、時々ことばで助けるものの、手を出して手伝うことはありませんでした。この子はこの日の昼食でも配膳当番をしました。

年長の５歳児の当番には、全校の責任をもつ仕事もありました。その日の各クラスの欠席者数を厨房の給食係に知らせる仕事です。数を間違うと困るからでしょうか、これだけは３人の共同作業でした。各クラスをまわって教師に欠席者数を聞きます。３人の当番の１番目の子は３歳児クラスの数、２番目の子は４歳児クラスの数、３番目の子は５歳児クラスの数を憶えます。最後に厨房に行き伝えます。一人の教師が少し離れて後を追っていましたが、数が間違わないように見ているだけでした。

基本的には教師も他児も当番を手伝うことをしません。手伝ってあげることは親切ではなくて、責任を果たそうとする努力を踏みにじるおせっかいなのです。とはいえ、教師や仲間が冷たいわけでもありません。仲間はじっと待ち、教師は見守り、最後に皆が感謝します。

保育園では１歳児クラスから当番があります。クラス全員が集まる朝の会と昼食のときです。たとえば、ある２歳児クラスの朝の会では、コップと水差し係と、出席簿係があります。コップと水差し係は厨房から運ばれてきたコップと水差しをテーブルの上に置いたり、水差しの水が足らなくなると厨房に追加をもらいに行ったりします。出席簿係は棚に置いてある出席簿を取ってきて教師に渡します。これはいわば教師の助手で、うまくいかなくても教師が助けてくれます。

大仕事なのは昼食の配膳当番です。小グループに分かれてテーブルに着いている子どものうちの一人が当番で、お皿（陶器）2枚、コップ（ガラス）、フォーク、スプーンを6～8人に一つずつ配るのです。1歳児が一人で配膳をするのはとても大変です（No.21参照）。実際、ある保育園では1歳児のなかでも幼い子がお皿をうまく持てずに床に落とし、お皿を2枚割ってしまいました。教師は叱ることはせずに黙って掃除をしましたが、さすがに3枚目のお皿を割るには忍びず、当番を交代させました。1歳児が食事当番をできるまでには、徐々に練習していくようで、イルグリロ保育園の教師はその過程を次のように話してくれました。

「昼食ではみんなが一緒に集い、子どもたちは自立性や社会性を発揮します。興味深いのは、当番が配膳できるまでどのように進歩していくかです。ある日突然できるようになるわけではありません。1歳児が歩き始め、椅子から降りることができるようになると、昼食時に席を離れる子どもがいます。私たちはそのときを捉えて、その子に『お皿をカートの下に運んで』と頼み、テーブルのところに連れて行きます。他の子どもたちも歩き始めると、少しずつ、みんなに頼みます。私たちが昼食の時間にこの子たちにすることは、昼食時だけでなく、一日のあらゆるときに子どもたちに対してしていることでもあります。つまり、私たちはどんな時でも子どもに参加を促すのです。たとえば私が立ち上がって何かを取りに行く代わりに、大きい歩ける子どもに頼みます。私たちの保育園では、以前は大人たちが子どもの代わりに何でもやってあげていました。しかし今では、環境や子ども自身や仲間のケアを子どもたちみんなで一緒にする場所になりました。この方法によって、私たちは、『援助する』という考え方を脱することができました。子どもは一人でできるようになります。教師は子どもがお手伝いをしたくなる機会を把握しているのです。」（星他 2015, pp. 118-119）

当番には食事後の片づけの仕事もあります。残り物をバケツに捨てて、食器をワゴンに置きます。ですから、子どもたちは配膳当番のときにはとても緊張した様子です。しかし嫌な仕事にしない仕掛けを教師は用意しています。当番は「くじ引き」で決めます（もちろん同じ子に何度も当たらないように教師は工夫します）。昼食のテーブルに置かれた箱からくじを引く園もあれば、前日あるいは午前の朝の会で引く園もあります。当番に当たるのは子どもにはうれしいことなので、とりわけ前日に当番に決まった子は、ずっと楽しみに待つのだそうです。選ばれて友達のためにだいじなことをする特別の役割になったと分かっているからです。最後には、皆が拍手して歌を歌ってくれます。当番を終えた子どもは本当に誇らしげです。

当番の仕事はその他にもいろいろあります。たとえば、ある幼児学校では本や遊具の整理、ある保育園では金魚の水の入れ替えを行っていました。教師は、通常は大人たちが行っている仕事を、できる限り子どもたちと分かち合うよう努めています。ただし、おそらくできそうだという仕事を与えますし、失敗しても叱ることは決してありません。子どもたちは、役目を果たした、自分の力を試すことができた、大人がすることを一人でした、という自己信頼感を味わいます。感謝される喜びも。

当番の役目を果たすことはまた、集団に対する責任という意味で、集団を意識するときであると同時に、集団のなかの個人にスポットライトが当たるときでもあります。

第9章

いろいろな教育プロジェクト

46 プロジェクトのなかの5領域

日本と同様に、イタリアの教育省も、教育要領で幼児学校で学ぶべき5つの領域を示しています。それは「自己と他者」「身体と運動」「イメージ・音・色」「会話とことば」「世界を知る」です。実際には、フィラストロッカ幼児学校が物語と本という独自のテーマで全領域をカバーしているように、各施設が5領域を区切って実践しているのではありません。

5領域の活動の実践はしばしば、「プロジェクト」のなかで行われます。プロジェクトは、１年間あるいは数年間にわたるテーマをもった一連の活動ですが、このなかで、５領域が含まれる総合的で全人格的な学習をするように、計画されます。

本項では、マリノマリーニ幼児学校の「自然」のプロジェクトを例に説明します。「自然」はこの幼児学校のメインテーマです。プロジェクトの文書には、育むべき能力として、この5領域が記載されています。私たちは、インタビューで、プロジェクトが実際に5領域をどのようにカバーしているかを聞きました。

5領域は別々の活動として設定されているのではなく、自然のテーマのなかに、「観察や知識を得る」「自然の音を聴く」「自然を敬い世話をするための正しい態度を身につける」「語彙を豊かにする」「特有なことばを学んで使う」「体験を絵やことばで表現する」「グループで話すことができる」などが含まれ、５つの領域全部が自ずと学べるようにつくられているとのことでした。

ある５歳児担当の教師は次のように説明しました。

「自然についてのプロジェクト活動は、５領域を完全なものにするのです。社会性や表現、数や計測、遊びのように、私たちは自然をあらゆる角度から探求します。私たち教師は、活動がこれらすべての領域を含むよう努めています。たとえば、私はミツバチの観察から数学的な話題に至りました。科学的な部分は別の教師が担当します。色の表現に関してはまた別の教師が関わります。それから、大きな部屋で身体運動の遊びもします。」（星他 2014a, p. 80）

大きな教育目標とテーマのなかで、５領域は互いに関係づけられ総合的なものとして理解されています。科学とファンタジーが結びつけられるのも、この考えから来ています。たとえば、顕微鏡で巨大になったミツバチの脚を見ることで、脚の構造を知るだけでなく、肉眼でわからなかった自然の不思議さに驚きや感動を覚えたり、そこから想像をめぐらせたり、新しい不思議を探求したりします。また、教師が子どものことばを書きとり、他児たちに投げかけて話し合い、発見を共有するという社会性の面も重視します。

下記は、ある年度の３歳児の「プレゼントのプロジェクト」（№47）での「５領域」のまとめです。他のプロジェクトとも共通の部分が多いと思われます（星他 2015, pp. 138-139）。

○**領域「自己と他者」**

・個人としての、また、グループの一員としてのアイデンティティを育む。
・自分自身に対する信頼を育む。
・友情の絆を育む。
・仲間と感動を分かち合う。
・贈り物の価値を知る。
・感動や気持ちを自分のことばで表現する。
・社会的な雰囲気のなかで、日常的な体験を仲間と積極的に分かち合う。
・自分が他の誰とも異なる唯一の個人として認められていると感じる。

○**領域「身体と運動」**

・洗練された良い動作を発達させる。
・異なる素材をふさわしく使う。
・はさみを上手に使う。
・目的に応じて道具を使う。

○**領域「イメージ・音・色」**

・異なる技法や実践法を知り表現する（絵画、コラージュ、糊付け、スポンジ）。
・異なる素材で簡単な作品を作る。
・異なる複数の素材を観察し、それを用いて別の物に変える。

・数え歌、詩、歌などのなかに、音、リズム、メロディーを感じとることを学ぶ。

〇領域「会話とことば」

・コミュニケーションのためにことばを使う。
・物語、歌、数え歌を聴く。
・歌や数え歌を歌う。
・気持ちや考えを表現する。
・他者との関係性を保ちながら、会話に参加する。
・他者の発言を聞くことを学ぶ。

〇領域「世界を知る」

・自然の素材やリサイクル素材を用いた活動をする。
・素材の知覚的な特性を見分ける（色、形、大きさ）。
・用意された素材を創造的に活用する。
・困難な状況を推測し、主な予想を明確に表現する。

日本の幼稚園教育要領の５領域（健康、人間関係、環境、表現、ことば）と比較すると、全体としては共通点が非常に多いと言えるでしょう。最も違う点は、イタリアの「自己と他者」の領域で挙げられている、個人のアイデンティティを育むこと、および、自分が唯一の個人として認められると感じること、という「個の確立」が、日本の「人間関係」の領域のなかにはないことだと思います。

47 3歳児のプレゼントのプロジェクト

ピストイアの幼児学校でも保育園でも、見学者は、教師と子どもたちの「おもてなし」に出会います。実際、教師たちに、「私たちはおもてなしの気持ちをだいじにして子どもたちに教えています。私たちはしばしば贈り物ということをします。それは贈る側も贈られた側も他者への思いやりを感じることができるからです」と言われました。

マリノマリーニ幼児学校の３歳児クラスは、プレゼントをプロジェクトの形にしました。その目標は文書に次のようにまとめられています。

○子どもたちが環境に溶け込むのを容易にする。
○子ども同士や子どもと大人の関係を育み強化する。
○自然の素材やリサイクル素材の観察と手を使う活動の助けとする。

このプロジェクトで最も重視している時期は、３歳児がまだ不安な入学当初の９月です。この時期のプレゼントには、３種類あります。

◯**上級学年の子どもたちからのプレゼント**：年長児が、一度に数人ずつ、３歳児クラスを訪問し、自分たちで作った小ウサギの冠を一人ひとりにプレゼントします。そして歌やゲームを教え、一緒に遊んで、まだ慣れない３歳児たちを歓迎します。これは、新入児がお兄さんお姉さんに見守られているという信頼感をもつきっかけになります。年長児が年下の子を自発的に手伝う動機づけにもなります。

◯**新入児たちが家から持ってくるプレゼント**：子どもたちは家からプレゼントを持ってきて、同級生たちと分け合います。それはお菓子（ビスケットやキャラメル）だったり、自然の素材（葉っぱ、花、ザクロ、カボチャ、トウモロコシ、松かさ、栗など）や手を使う活動に役立つリサイクル素材だったりと、場合によりいろいろです。これらは、新入児たちが家庭から急に離れるのではなく、家庭と繋がりをもちながら徐々に離れていくのに役立つと考えられています。

◯**家族へのプレゼント**：子どもたちは学校で制作した物を家族へのプレゼントとして持って帰ります。制作といっても、家庭からもってきた素材を箱に入れてきれいな包装紙で包んでリボンをかけた物であったり、学校で描いた絵にリボンをかけた物であったりです。これも、子どもにとって、学校と家庭が繋がっている気持ちを強めます。

このように、プレゼントは新入児が学校に慣れる手段の一つになっています。

その後も、毎週金曜日、３歳児クラスのプレゼント交換は続きます。どんなプレゼントを作りどのように使うかについて、子どもたちは一緒に考えます。ある年度の10月には、クラスで栗の粉でケーキを作って、友だちに贈り、午後のパーティーで食べました。11月には、マリネしたオリーブの実と絵入りのレシピを家に持って帰って、家族に贈りました。12月のプレゼントは、オレンジと蜂蜜とローリエの葉などで香りづけしたロザリオとクリスマスカードでした。小さな物や庭で集めた自然の素材で作るプレゼントは、美しい色の紙や布で包み、リボンをつけ、そこに手紙やカードをテープで留めました。

プレゼントは、人と人の関係を築いたり結びつきを感じるための手段であり、他者を敬い大切に思う気持ちを表す方法だという位置づけです。友だちや上級生とのプレゼントの交換によって仲間意識が高まります。家族が喜んでくれるのはとてもうれしい経験です。

ウサギ組の３歳児たちは、さらに新しい仲間へのプレゼントも考えました。１月の比較的暖かな日に、校庭に住みついている野生の小ウサギたちにプレゼントをしました。冬は小動物にとって厳しい時期です。細かく切ったニンジンやリンゴを入れた皿を巣穴に運んで置きました。こうして、動物たちの世話を学びます。また春になると、子どもたちはいろいろな種を蒔き、水をやり、植物が花を咲かせるのを待ちます。草花を家族にプレゼントする喜びも体験します。

日常的な実践のなかで、贈り物をするという体験は、ほんのささやかなものであっても、相手を大切に思う気持ちが込められています。

48 自然のプロジェクト

マリノマリーニ幼児学校のアイデンティティは「自然」です。この学校には、自然環境に恵まれていること、同じ建物内に自然をテーマにした児童館アレア・ヴェルデがあること、という、自然をテーマの学習をするのに恵まれた条件が備わっています。周囲の自然から収集した、木の株、枝、葉、花、香草、実、種、鳥の巣、羽根、ハチの巣、石、土、砂などが、教室のなかや廊下の棚の上に並んでいます。さらにはガラス張りの植物の栽培小屋があります。

ある年度のプロジェクトを年齢順に辿ってみましょう。

(1) 3歳児クラスの「小ウサギ」のプロジェクト

3歳児の自然の理解の学びについて、担当教師はインタビューで次のように語りました。「具体的で直接的に自然に触れる方法を心がけます。大切なのは、自然への最初の接触が、優しくて自分の感覚に近い体験であることです。子どもたちが自然との友情関係を築くことができるように」。子どもたちは、校舎の通気口から顔を出した野ウサギに出会って以来、ウサギの世話をするようになりました。教師はこれをどうプロジェクトにしたかを説明します。

「私たちは最初に、『はらぺこあおむし』（エリック・カール作）を子どもたちに読み聞かせました。本の中で、アオムシは食べ物をたくさん食べます。そこで、子どもたちは小さく切ったリンゴや潰した梨をお皿に入れて通気口の前に置きました。こうして、子どもたちは、庭の小動物たちの世話をし、彼らと少しずつ友情を育みながら、庭のことを知ることができます。庭は計り知れない刺激の源泉です。いろいろな種類の草や野生の花々、蝶々、アオムシやクモやミツバチなども、子どもたちが魅了されるもう一つの世界です。」（星他 2014a, p. 78）

ここでのポイントは、まず身近にいる野生の動物を好きになることです。隣の森に来る鳥の餌作りもしていましたが、小動物は、植物よりも、親しみを感じるのに適しています。そこから、観察したり知識を得ることへの動機づけ、そして身近ないろいろな植物へと興味を拡げていくように計画されています。

（２）４歳児クラスの「リスのプレゼント」のプロジェクト

４歳児クラスはリス組なので、子どもたちは森に住むリスを特別に親しく感じています。そこで、リスを通して、森の環境について学ぶことが計画されました。プロジェクトは、ファンタジックな物語から自然の観察や造形などの学習活動に発展するように構成されています。担当の教師は説明します。

「私たちはバルバジャッリの丘を登り小道を歩いてリスを探しました。小道で子どもたちは〝リスの木〟の上にプレゼントを見つけました。リスがハシバミの木の実とチョコレートの入った小さな袋をプレゼントしてくれたというのです。もちろん、これは私たち教師が用意したシンボリックなプレゼントなのです。でも子どもたちはこれを見つけて喜びました。この散歩では、良い香りがする草花のような、丘が与えてくれるプレゼントを探索しました。」（星他 2014a, p. 79）

この教師の「仕掛け」の狙いは、自然はたくさんの恵みを人に与えることを子どもたちに分かりやすく知らせることです。子どもたちは良い香りのするウイキョウの枝を採集し、学校に持ち帰りました。一つの小グループは、ウイキョウの香りを嗅ぎ、ふわふわと柔らかい葉を虫眼鏡で観察しました（No.35参照）。もう一つの小グループはバルバジャッリの小道を再現することにしました。教室にある木の株、枝、つる、葉っぱ、種、花びら、小石などを使って、思い思いに道を作りました（No.40参照）。その後、たくさん集めた草や葉を、たとえば香りのある草と香りのない草のように分類することを学びました。また市の図書館に行って、リスの性質について本で調べ、リスが登場する物語の本も借りて読みました。

このプロジェクトでは、動植物や科学的な概念についての知識を得ること、自然を尊重する気持ちを培うこと、さらに自己表現を豊かにする、語彙を増やすなども目標としているということでした。

（3）5歳児クラスの「ミツバチ」のプロジェクト

5歳児のプロジェクトは、自然をより科学的に学ぶことがメインになります。

クラスの一人の子の両親が経営している養蜂場に見学に行き、学校に帰ってから二つの活動が生まれました。一つの活動はミツバチを顕微鏡で調べることで、目がどうなっているか、毛が生えているか、脚が何本あるかなどを観察しました。もう一つは、ミツバチの8の字ダンスについて教師が話したことから、クモも巣を作るときに行ったり来たりして円を描くと話した子どもがいて、ここからクモの巣の幾何学的な形について調べる活動が生まれました。実際に毛糸でクモの巣の幾何学的な形も作りましたが、その過程で測定ということを学びました。

しかし科学的なアプローチであっても、科学的な知識を得ることだけが活動の目的ではありません。ある教師は、「顕微鏡で拡大されたミツバチの巨大な姿を見て、子どもたちはとても驚いていました。この強い感情が驚きを超えて、想像力を掻き立てるのです」と言いました。感嘆が想像を生み、それが将来、科学のおもしろさを追求したいという気持ちに至るための第一段階だという考え方なのだそうです。

以上のように、3歳児クラスでは自然を身近に感じて関心をもち、4歳児クラスでは自然の恵みとしての植物の性質に目を向け、5歳児クラスで科学的に自然を見ることのおもしろさを経験する、と年齢段階に応じたプロジェクトが構成されているのを見ることができます。また、どの年齢でもファンタジー、想像、といったことが組み込まれているのも、ピストイアの教育の特徴だと思います。

49 本と物語のプロジェクト

フィラストロッカ幼児学校は、建物に一歩入ったときから、ファンタジーの世界に引き込まれる学校です。玄関ではシンボルの大きな妖精が子どもたちを迎えます。3歳児クラスはネコ組、4歳児クラスはウマ組、5歳児クラスはライオン組と、シンボルの動物がいます。

フィラストロッカという名前は「わらべ歌」という意味ですが、実は以前は住所が名前だったのを、本と物語の活動が教育の中心になっていった時代に公募によって改名したのだそうです。教育の中心を本とファンタジーにしたのは、アルガ・ジャコメッツリさんを中心とする教師グループでした（Edward et al. 2008）。アルガさんは、次のように語っています。

「この幼児学校はファンタジーや読書にもとづいて活動していますが、物語を語り聞かせるのは、子どもたちに物語の贈りものをすることだと思うのです。本がことばや知性の面で子どもたちの成長を助けるだけでなく、子どもたちが家庭や学校で本とともに気持ちよく過ごせるということ、つまり、情緒的な面を伸ばすことも考えました。子どもたちが両親や祖父母と共に一日に10分でも本を見て過ごすことが、愛情の点でいかに大切かを私は学んできました。本と一緒に過ごす喜びを感じて、友だちのように本を愛することには、当然、家族の協力が必要でした。」（星他 2014a, p. 66）

アルガさんたちの努力で少しずつ本が集まり、「虹」と名付けられたユニークな図書室ができました。床から天井までの7つの書棚は虹の7色に色分けされています。書棚には本が表紙を表にして横に並べられており、表紙が誘いかけているようです。中央には7色のクッションが敷かれた椅子が円形に置かれています。2階の狭い部屋は絨毯敷きで、子どもたちが寝転がって本を眺められるようになっています。またあちこちにフィギュアがいて、子どもたちが自由に物語をつくって遊べるようになっています。古い本は積み重ねて顔を加えた「ビブリオテカ」というフィギュアに変身して、図書室のシンボルになっています。

本と物語について、どの教師も熱を込めて話してくれました。

「3歳児クラスでは、たいてい、色について教えます。基本の色をまだ知らない子が多いので、赤や黄色、緑や青などの色を教えます。はじめに、『あおくんときいろちゃん』（レオ・レオーニ作）を読みます。友情や愛情など大切な気持ちについて描かれた本です。二つの色が出会って緑が生まれますね。そのあと、これを実際に視覚的に子どもたちとやってみます。『黄色があって、青があって、混ぜてみましょう』『緑だ～！　魔法だ～！』『魔法使いが魔法を使ったのよ』。自分で作った三つの色を子どもたちはもう忘れることはありません。色を作るには、テンペラ絵の具、小麦粉粘土、色水、色のついた薄紙などさまざまな方法を使います。これはお菓子屋さんで使う食用の色ですよ。柔らかいチーズに混ぜます。子どもたちは色を舌で味わうという経験がとても好きです。このお話にはいろいろな活動の可能性がありますから3年間使うことができます。5歳児は悲しみ、喜び、友情、泣くことなどの『感情』のテーマに取り組めます。」（星他 2014a, p. 56）

物語の登場人物の手袋人形や指人形が入っている「遊びの箱」があります。これは、教師が物語を聞かせるときにも、子どもたち自身が人形から物語をつくるときにも使われます。ある教師はエピソードを一つ語ってくれました。

「短い『クリスタルの鶏』のお話があります。ここには、雄鶏と雌鶏、ガチョウ、アヒル、ゴシキヒワ、オオカミが出てきますが、これは5歳児たちが考えた物語の登場人物です。人形は私たちが作りました。子どもたちは自由に箱を開けて遊びますから、人形は子どもたち同士が仲良くなるのに役立ちます。お話はとても簡単で、繰り返しのことばが多いので、子どもたちは大好きです。『クリスタルの鶏』は、雄鶏が物語の主人公なので、子どもたちはそれぞれ雄鶏を作りました。」（星他 2014a, p. 56）

廊下には騎士、お姫様、馬などのフィギュアがあります。歴史物語の舞台と登場人物は、どの年齢の子どもにも魅力があり、中世の時代の馬や騎士やお城などを使って遊びながら、自分たちで物語をつくるそうです。4歳児クラス（ウマ組）には、青い仔馬が鳥や森の木々たちと力を合わせて魔法使いと闘うという話がクラスの物語として共有されています。西洋の歴史と縁のない移民の子どもたちが増えてきている現状で、彼らに違和感がないか、と思ったのですが、ファンタジーは背景文化に関係なく魅力的ということでした。

50 自然素材とリサイクル素材を使ったプロジェクト

コッチネラ幼児学校には少し贅沢な部屋が４つあります。学校は公共の建物の２つの階を使用していますが、３～５歳児の教室は階下で、各クラスに階段があり、登っていくと上階に４つの部屋が横に並んでいます。各部屋は教材別になっています。絵画活動の材料のある部屋、石・木・砂などの自然素材のある部屋、筒・鎖・容器のようなリサイクル品のある部屋、それと本の部屋です。いずれもクラス全員が入るには手狭ですが、小グループでこの空間を有効に使うことができます。

森や川が近いので、散歩に行って持ち帰った自然物は、洗ってきれいな状態で、造形の素材として用意されています。リサイクル品などは、たいてい子どもたちが家から持ってくる物です。金属の部品は業者がもってきてくれるのでしょうか。模様のある石や貝殻などは、子どもたちが休暇のときに見つけて持って来た物ですし、近隣の方たちが教材用にと提供してくれた物もあります。これらを整理して並べておくのは、子どもたちの役目です。

コッチネラ幼児学校では、地域をテーマに、周囲の自然から集めた物や地場産業に関連したプロジェクトを行っています。これらの部屋にもプロジェクトが生んだ作品があります。

子どもたちは近隣のオンブローネ川沿いの土手にしばしば散歩にでかけますが、「川の石探し」もプロジェクトの一つです。担当の教師はこれらの作品を見せてくれました。

「いろいろな色の小石や土を集めて帰り、石のアルファベットを作りました。……これは石や貝殻や大理石のかけらなどを使って作ったコンポジションです。……これは『いろいろなアルファベット』で、これらのコンポジションは、子どもたちが（地元のアーティストの）モレーナさんと一緒に作りました。まさに彫刻といえる作品で、世界に一つしかないオリジナルなものです。」（星他 2014, p. 94）

素材を使って子どもたちが作った造形作品について、教師たちは次のように語りました。

「集めた素材を分けて並べるという作業には、特性によって素材を分類するという（知的な）活動が含まれます。素材を分類してきれいに並べるという作業は、子どもたちの美意識を探求するための刺激になると同時に、私たちの教育理念やピストイア市の公共事業に関わる学びにもなっています。」（星他 2014a, p. 94）

4歳児クラスでは、葉っぱを集めて並べる活動を行いました。「子どもたちは、自然の素材を机の上に並べてから、葉っぱを組み合わせて置いていって、何かの形に見えるようにするアッサンブラージュを楽しみました。……これは木になっています。もちろん、子どもたちにはそう見えるということなのですが」。造形から発展して、物語をつくる活動もあります。

「石を使ったコンポジションは、ストーリーをイメージすることを目的にしています。このコンポジションは、ある女の子が作った『お腹に赤ちゃんがいるお母さん』です。また別の女の子は、『この石はスペインに住んでいてね、ボーイフレンドがいてね……』と話しました。こうして想像の世界が広がります。一見何でもない石を私たちが使うのは、子どもたちが素材のもつ特性を超えて、豊かな想像力を働かせることができると信じているからです。」（星他 2014a, p. 95）

想像といえば、３歳児のための「小人」のプロジェクトもありました。教師は子どもたちに、チェザリーナという名前の奥さんがいるチェーザレという「小人」の話をし、小人探しに誘いました。チェーザレがいる「印」をいろいろなところで見つけるという活動です。子どもたちは印を探して、校庭や近隣を観察しながら歩きます。時々チェーザレは、幼児学校にも飴や葉っぱなどのプレゼントを置いていってくれます。もちろん、実際は教師たちがこっそり置くのです。

このように、コッチネラ幼児学校の教育プロジェクトが目指す方向は、子どもたちが身近な生活のなかにある物から美的な形を作りだすことがメインなのですが、それだけでなく、自然の物をその特性によって分類するというような認知的な学びにもなりますし、創造性を発揮したり、想像をふくらませたり、楽しい遊びの材料になったりと、多面的な教育を可能にするものです。

第10章
家族・市民・学校

51

親も教育の主人公

イタリアの乳幼児教育の基本として、子どもにとって、家庭と教育施設という二つの生活の場は連続性と一貫性をもつべきなので、親と施設が協力して子どもを教育するという考えがあります。「協働」はピストイアの教育のキーワードの一つですが、教師同士、教師と子ども、子ども同士、と並んで、教師と親の協働も、乳幼児教育の柱の一つです。市の「教育憲章」でも、家庭と施設の協働は市の教育行政の基本原則であり、両者は日常の問題を話し合い、実践プランを共有し、子どもの成長と教育プロジェクトの成果を確認し、問題解決への介入を図る、と謳われています。

親は乳幼児教育施設の利用者でも協力者でもありません。教育の当事者です。しかし、乳幼児教育施設は親が子どもを預けるところではなく教師と親が一緒に子どもを育てる場所という認識は、自然に生まれたものではありません。市も教師たちも努力して普及させ、市民にはかなり定着しているようです。教師と親の間に信頼関係があれば、子どもは安心して施設と家庭の間を行き来できることを、教師たちも親たちも認識しています。

施設への家庭の参加の機会としては、日常生活でのコミュニケーションの他、個別の面談、各クラスおよび施設全体の会合、施設の公開、経営委員会への代表の参加があります。経営委員会は、乳幼児教育施設の経営上の決定は教師・親・市民を構成員とする民主的な協議によって行われるべきであるという「社会的経営」の理念のもとに、各施設に置かれています。その歴史は古く、先進的な乳幼児教育を行ってきた自治体で１９６０年代に設けられたことに端を発します。ピストイア市の場合は親の相互扶助や家族同士の交流も経営委員会の大きな仕事の一つです（Mastio 2018, p. 85）。

また、連絡帳、週報、ドキュメンテーション、ポートフォリオで、日中の子どもの様子を伝えつつ親と教師が話し合うこともあります。ただ、これだけで親が当事者意識をもつわけではありません。さまざまな方法で、互いのコミュニケーションを強化し、良い関係づくりを図っています。

イルグリロ保育園は、特に親や祖父母の参加に力を入れ、ピザを一緒に食べたり互いに似顔絵を描いたりと、家族同士が仲良くなる機会を年に３～４回もっています。教師たちは次のように話しました。

「私たちの目的は、両親にとって保育園が家族的な親しみやすい場所になることです。たとえば、土曜の夜にニコロとロレンツォは一緒に夕食をしたそうです。彼らの両親は去年知り合って、友だちになり、多くの状況を分かち合うようになったのです。他の地方や外国から来ている家族にとっては、保育園が互いの関係を深める機会になります。」（星他 2015, p. 117）

その他にも親向けの企画がたくさんあります。親同士の集まりには、子どもの名前付けの理由を語り合う、親が幼い頃に大切にしていた物や写真を持ち寄ってそれぞれの子ども時代を語り合う、などの企画があります（Giovannini 2020, p. 141）。２００６年には親たちの編集による親のための雑誌「インプロンテ」が創刊され、市が年2回発行して、現在も続いているそうです（Mastio 2020, p. 89）。

毎日の送り迎えの時間は親と教師が話し合える機会なので、その場所はここちよく居られる配慮がなされています。ラゴマゴ保育園の入口のパステルカラーのロビーには、ソファと机があります。イルグリロ保育園でも、入口の空間は広く美しくレイアウトされ、ソファや椅子が置かれています。

「子どもにとって家庭と教育施設は連続性をもつ」という考えを空間化することも、家庭と施設の関係を強める手段です。子どもが家庭から私物をもってきてもよい、あるいはむしろ奨励している施設があります。ラゴマゴ保育園には「思い出コーナー」があり、自分の宝の箱とアルバムが収められていて、子どもはいつでもそれを取り出して見ることができます。宝の箱には、海岸で拾った貝殻のような家族旅行の思い出の品、家庭で作った物など、家庭生活での大切な物が入っています。週明けや休み明けに、子どもたちは家庭であったことを思い思いに話し、思い出の品を箱に入れます。園で疲れた、ちょっと家が恋しくなった、そんな時に、子どもは箱を取り出して、家族との絆を確認します。

親がおやつ用のお菓子を持ってくることもあります。マリノマリーニ幼児学校では、3歳児たちがまだ不安でいっぱいの時期、親から子どもたち皆へのプレゼントは、子どもの不安を減らし、友だちに親しみを感じて、園への適応を早めると考えます。日本なら、持って来られない親に配慮して不平等にならないように、あるいは衛生上の理由で禁止されるでしょう。しかし、否定的なことや万が一のことを考えるよりも、良いと思うことを優先するのが、ピストイア流です。

親が教材をもってくることもあります。マリノマリーニ幼児学校にある鳥の巣や大きな木の株は、親のプレゼントですが、自然を教育の重点にしていることを親たちがよく理解している証でしょう。

親の参加が少ない、協力関係ができないなどの問題はないのでしょうか。ある保育園の教師は、最初から親が積極的とは限らない、と言います。イベントのように参加しやすい機会以外に、「参加を促す働きかけは必要です。家族が保育園で時間を過ごすことが子どもたちには大切だと分かってもらえるように、積極的に誘います。たとえば昨年は、朝の時間に両親を招いて、子どもたちと一緒に物語を聞いてもらい、お昼までいてもらいました。この試みは効果的でした」と話してくれました（星他 2014a, p. 113）。

とはいえ、すべての親が園に信頼感をもっているとは限らないのはどこでも同じです。ピストイア市にも生活習慣の異なる移民たちがいます。精神的にも時間的にも余裕のない低所得家庭もあります。親とのトラブルの場合は、市の教育コーディネータが仲介して解決に当たります。教育コーディネータは普段から園を巡回していますので、事情を知っている第三者の立場で対処します。これが、当事者同士の直接交渉よりも関係の悪化を防ぎやすいことは、想像に難くありません。

市の配慮が行き届いていることも、親が主人公でいられる一つの要素でしょう。嵐で翌日に保育園から小学校までの教育施設が閉まったとき、市役所は市内のすべての企業や商店に対し、該当する子どもをもつ親を休ませるように指示を出しました。日本では考えられないことです。

また市は、家族が乳幼児教育を学ぶ場として講座を設けています。興味深いことに、市が企画する教師たちの研修会のなかには親も参加できる機会があります。その理由は、教師の学ぶことを親にも理解してもらって、協働関係を強めるためだそうです。ある年の、市主催の親も参加できる企画のタイトルは「道具箱」で、自然、子どもの健康、伝統的な子どもの歌、料理の４つのテーマでの研修でした。

52 移行ということ

「移行」とは二つの場の間を子どもが移ることです。乳幼児教育施設に通う生活のなかで、子どもはいくつかの移行を経験します。まず、家庭にいた子どもが乳幼児教育施設に初めて入るときの移行です。日常的には、朝の家庭から施設への移行、施設から家庭へ帰るという移行があります。年度末には上の学年への移行、あるいは上級学校への移行があります。

移行の考え方は、ヨーロッパと日本では異なっていると思います。日本では、入園式、進級式、卒業式をはじめ、一つの段階から次の段階への境目に「儀式」を入れます。そこで、気持ちを入れ替えるように、「今日からお兄さん、お姉さんになります」と子どもたちが大人から言い渡されることもあるでしょう。移行は連続的ではなく、階段の大きなステップを一段上がる形で行われるのが日本のやり方です。この考え方は、日本社会の伝統を踏まえています。伝統的には、子どもの成長の節目に、七五三や元服のようなイニシエーション（通過儀礼）を何段階も行ってきました。保育園、幼稚園、学校での移行の考えのなかに、成長についての社会の伝統的な考え方が深く横たわっているのは、興味深いことです。幼稚園から小学校へも、移行ではなく「接続」と呼ばれます。大きな変化のステップを、スモールステップでどう無理なく上がるかよりも、「小1プロブレム」が問題になります。

ヨーロッパの多くの国の保育園、幼児学校、小学校では、この「移行」に特別な儀式を伴うことはありません。あっても新クラスで挨拶する程度でしょう。それよりも、子どもがショックを受けたり混乱することのないように、できるだけ変化を減らし連続的にするような配慮が強調されます。どのようなスムーズな移行を実践するかをテーマにした教育学や心理学の研究も多数見られます。

イタリアでも日本でも、スムーズな移行が最も配慮されているのは、家庭から乳幼児教育施設に入る際の移行でしょう。保育園での乳児の「慣らし保育」、幼稚園に入る3歳児の一日入園のような形です。イタリアでは、慣らし期間（inserimenti）は、仲間入り、グループの一員になること、という意味です。ピストイア市の保育園の場合、母親の育休明けの前に段階的な慣らし期間があります。初日は親と子どもが一緒にクラスに入り、しばらく遊んで一緒に帰ります。次の日も親子で来て、親は長時間滞在し、教師と親しく話す姿を子どもに見せます。何日かこれを経験した後、子どもが親離れして十分遊んでいると思ったら、親は話しかけて去りますが、午前中にお迎えにきます。親離れできないようなら、できるようになるまで、毎日親子通園です。ですから当然、母親が勤務に復帰するときには子どもは園に馴染んだ状態にいるように、育休中に余裕をもってなされます。

毎朝の家庭から園への移行についても、たいてい親はあっさり去りますが、クラスでしばらく教師と話し、子どもを教師に渡してから去ることがよくあります。お迎えのときも、子どもが遊びに夢中ならばしばらく遊びに付き合う親の姿も見られます。祖父母のお迎えの多いピストイアの保育園では、移行をもう一回経験する子も多いでしょう。夕方、勤務を終えた親が祖父母宅にいる子どもを迎えに来て家に帰る場合です。夕方、市の広場で孫を連れた祖父母が勤務帰りの親と会って、一緒に買い物をしてから親が連れて帰る光景をしばしば見ました。

ピストイアの保育園でも幼児学校でも、９月の新学年度で上の学年に移行する際は、学年に教師が３人いれば、２人は一緒にもち上がりの担当になります。１歳以上６歳まで一日の時間構成が共通なので、上の学年に行っても生活のリズムが変わらないことも、スムーズな移行のための方法の一つです。また前年度で使っていた遊具を持っていくこともあるそうですが、同じタイプの遊び素材なので、上の学年でも馴染みのある物で遊ぶことができます。始業式のような儀式がないだけでなく、場合によっては、子どもたちは月齢に応じてバラバラに入ってくるので、日常生活が既に進行しているなかに新入児が受け入れられることもあります。

保育園から幼児学校への移行については、日常的に施設間の連携があります。しかし、幼児学校は学区制、保育園は希望園に入園の制度なので、子どもの側は必ずしも普段慣れた幼児学校に進むとは限りません。したがって、スムーズな移行のために、年度末にはどこの保育園の年長児も近隣の幼児学校に招かれます。またクリスマス会に保育園の年長児を招くような企画をしている幼児学校もあるということです。

シームレスで連続的な移行とステップを上がる移行は正反対ではないと思います。高い階段であっても小さいステップをいろいろな形で用意して、子どもたちが無理なく踏み出せるような後押しが必要なのではないでしょうか。

53 幼児学校から小学校へ

小学校教育と幼児教育の関係について、世界的には大きく2つに分かれるでしょう。就学前2～3年間を小学校教育の前段階あるいは準備期間として見る国・地域では、幼児教育は言語、数、科学的知識のような知的学習が重点になります。つまり、両者の関係は、幼児教育が小学校教育に合わせる形をとります。

一方、幼児教育は他の発達段階では得られない独自性をもつと考える国・地域では、幼児教育で重要なのは意欲・探求心・粘り強さ・レジリエンス（困難を跳ね返す力）などの獲得であり、知識はその基礎の上に習得されるべきもの、と考えます。イタリアの教育省の理念もピストイア市の教育もこの後者です（No.９参照）。この考えによれば、小学校の学習と幼児学校の学びは独立しています。

イタリアの義務教育開始は6歳です。ピストイア市の小学校は国の管轄で運営はピストイア県ですので、幼児学校と小学校の間には幼児学校と保育園のような連携がありません。とはいえ、幼児学校も小学校も学区制ですので、同じ地域に住んでいる子どもたちは一つの幼児学校から同じ小学校に行くことが多いのです。

0歳から6歳までの連続性に配慮してきた教師たちは、幼児学校と小学校の連続性について、どんな取り組みをしているのでしょうか。幼児学校の教師たちに話を聞きましたが、教育の内容の話よりは、入学時の学校生活への配慮についての説明でした。

本と物語の教育プロジェクトを行っているフィラストロッカ幼児学校では、5歳児クラスの子どもたちは、小学校入学に向けて、自己紹介の本を作ります。何が好きか、家では何をするのが好きか、好きな本は何かなどを書き、イラストを描き表紙を付け綴じて立派な本にします。年度末の5月頃に、幼児学校の5歳児クラスの教師は、次年度の小学校1年生の担任教師と話し合いをしますが、その際に、この自己紹介の本を渡します。子どもたちは小学校入学の最初の日に本を返してもらいます。それまでに、小学校の教師は子どもたちのことをこの本から知るのです。幼児学校では、一人ひとりのポートフォリオ（No.16参照）を小学校との橋渡しに使いますが、フィラストロッカ幼児学校独自のこの自己紹介本の試みは、小学校にとってはもう一つの情報源になります。一方、フィラストロッカの子どもたちにとっては、自分を本にすることが幼児学校で培った本と物語への思い入れの集大成であり、それを小学校の教師が見てくれるのは誇りという面もあるのだと思います。

コッチネラ幼児学校の子どもたちの多くが行く小学校は、2校と限られているので、これらの小学校ともっと親密な連携をしています。小学校の最終学年（5年生）の担任は次年度は1年生の担任になると決まっているので、幼児学校の5歳児クラスの教師は年度初めに、小学校の5年生の担任教師と話し合って、年間の教育プログラムを決めます。5年生の児童が年間を通して定期的に幼児学校の5歳児クラスにやってきます。ある年は、5年生が幼児学校の子どもを指導して作品を制作しました。それは、似顔絵入りの身分証明書カードだったりと、ささやかなものです。小学校に入学したとき、子どもたちはそれを友だちの前で紹介しました。もっとも、そのときには5年生はもう中学校に行ってしまっていたのですが。活動の内容は年によって違います。クリスマス・パーティを企画した年もあり、広場で一緒に歌った年もありました。このような活動の目的は、5歳児が小学生としての自分の姿を思い描くことができ、入学時の不安を軽減することなので、幼児学校卒業後に子どもたちが別々の小学校に入っても不都合はありません。また、幼児学校の子どもたちが小学校に体験入学をすることもあります。小学校を訪れる機会は普段ないので、子どもたちは好奇心いっぱいで、あらかじめ幼児学校の教師と一緒に考えておいた質問をたくさんするそうです。

幼児学校と近隣の小学校とのこのような関係は、互いに試行錯誤しながらも時間をかけて積み上げてきたものです。教師同士も仲良くなり、お互いの理解も深まったそうです。小学校での子どもの作品をその子が卒業した幼児学校に持っていって子どもたちに見せるなど、幼児学校との協力関係づくりを積極的にしている小学校もあるということでした。

コッチネラ幼児学校は自分たちの試みを他の幼児学校にも紹介して、近隣の小学校との連携を進めています。この幼児学校に来ている子どもたちのなかの、他の学区の小学校に行く子どもについても、その小学校との連携を行っていますが、こちらはずっと表面的で1回限りのことが多い、とのことでした。しかしこれらの取り組みはあくまでも個別の施設間の関係であって、市あるいは県レベルで組織的に行っているのではありません。

このような幼児学校の地道な努力が、子どもたちに小学校での安心を生んでいますが、個々の学校単位の取り組みには限界があります。ピストイアの場合、行政の縦割り管轄が壁になっています。このような取り組みを組織的にできるような体制が求められています。

54 市民としてのアイデンティティを育む

ピストイア市がユニセフの「子どもにやさしい町」の指定を受けたのは１９９６年ですが、１９９０年代からすでに、街を子どもが利用しやすくする取り組みを行ってきました。市民としての子どもの権利は都市政策にも反映され、たとえば子どもが一人で学校に行けるように遊歩道を設置する、公園・図書館・プールなど子どもが利用できる施設には色と形で幼児にも分かる標識を設ける、「子どもにやさしい」商店に熊マークをつけ必要なときに子どもが助けを求められる、などの具体策を実現してきました（Iozelli 2020, pp. 120-121）。

市の教育憲章には、「生活と文化の場としての市全体が、子どものためのサービスの場であり、その教育のリソースを構成している。すべての市民が教育に責任を負う」という文があります。

これは二つのコンセプトを含んでいます。一つは、子どもたちに民主的な社会の市民としての意識を育むということです。もう一つは、教育施設の中に留まらず市の生活や文化のあらゆるところに教育の材料があるので、市民も教育に参加できるということです。

このコンセプトを具体化した市の最初の企画が、１９９６年の「子どもたちの友だちの町」という小学生のためのプロジェクトでした。市役所の担当者、教師、親たちが、放課後にどんな空間で子どもたちを受け入れるか、街のなかに遊びの機会をどうつくるかを協議して、さまざまな催しを提供してきました。

幼児学校が市の企画に参加したものに、「最初の果実」、さらには「手をつないで」というプロジェクトがあります。子どもたちが、街のなかを探索して感じたことを描いたりことばで表現する、身近な広場・道路・公園・建物を巡って宝探しをする、古い建物に紋章や架空の動物を探す、歴史的な建物で開催されるイベントで童話や物語劇を体験するなど、かなりの数の企画が実現しました。その過程で、子どもたちは職員に話を聞き、通りかかる人々や商店主や警察の人（安全を確保してくれた）と対話しました。

実際にどのように活動をしたか、フィラストロッカ幼児学校の教師だったアルガさんの記録です。

「学校では最初に、子どもたちに町についての考えや印象を聞いた。そこでの話し合いから、自分の家・自分の学校というような愛着の対象やいつも遊ぶ公園のような個人的経験を通して、所属する場、関係の場としての町のイメージが浮かび上がった。次に子どもたちに希望を聞いて、訪問する場所を決めた。たとえば、子どもたちは日頃から広場で駆け回って遊んだり人々と出会ったりしている。広場はくつろぎ楽しむ場であり、共同体への所属を体験する場所である。カメラ、録音機、望遠鏡をもって、小グループで広場に出かけ、探索して、おもしろいことを見つけ、それをスケッチする。その後、学校に帰って、絵や写真、パンフレット、スライドのような関連した資料からさらに調べる。また、記憶や想像力を働かせて絵を描く。子どもたちの学校でのこの活動の様子とことばを教師は記録して集める。」(Giacomelli & Palandri 2007, p. 21)

探索をした子どものことばを一つ紹介します。「ピストイアは色がいっぱい。木と草原があるから緑、土があるから茶色、屋根があるから赤、煙突があるから黒、石があるから灰色」(Comune di Pistoia 2007, p. 29)。

こうして、活動が教育施設を超えて外に拡がり、街は子どもたちが探索し、触り、描き、記憶し、働きかける場所になりました。大人の市民にとっても、普段なら子どもたちを見かけることのない日中の時間に、子どもたちと出会い、説明したり教えることで、教育に参加する形になりました。また、街への子どもたちの感受性豊かな眼差しは、大人にとっても新鮮で、身近すぎて価値を見出していなかった場所が新たなアイデンティティを与えられたのです。このように、子どもたちはピストイア市民としてのアイデンティティを育み、大人たちは幼児教育が市民の日常生活のなかにあることを再発見しました。さらに、このような活動は、市の空間をどう変えるかを考える材料の一つになりました。

教育施設から外に拡がる活動は、今でも続いています。ピストイア市が２０１７年の「イタリア文化首都」に決まった際には、関連プログラムとして、「まちの資源としての幼年期の文化」という国際会議が開かれました。最近では、保育園と幼児学校の子どもたちが街の探検をし、その印象を描いた絵を旧市街のあちこちの商店のウインドウに展示して、「子どもたちの目で見たピストイア」という街なか展覧会が催されました(Giovannini 2020, p. 140)。

こうして子どもたちの血となり肉となった市民意識は、大人から押しつけの郷土愛ではなく、実際の体験に裏付けられた確かなアイデンティティになると思います。子どもたちは、大人になっても市民としての所属感をもち続けるでしょう。ピストイアの若い人たちは、結婚して所帯をもっても市に住み続ける人が多いと聞きましたが、そこにはこんな秘密があるのかもしれません。

55 町の歴史を受け継ぐ子ども

ピストイア市は、町の文化と歴史の継承ということをとても大切にしています。たしかに、多くのイタリアの都市と同様に、ピストイア市は歴史が古く、石造りの建物や街路など中世の時代が現代に生きています。城壁で囲まれた旧市街は保存地区で、新しい建物は建てられず、車も通れません。新しい建物は郊外に建て、旧市街の建物は、外壁はそのままに内部を改造して使われています。街の中心にある市庁舎も中世時代の建物で、その前の広場には週2回マルシェが立ちますが、これは千年以上続いています。

しかし、歴史のある町だから子どもたちに歴史を伝える、というだけではありません。今ある身近な街のなかにも現代の歴史と文化を見つけることができる、と教師たちは考えています。

街のなかで歴史を発見する幼児学校の教育プロジェクトを紹介しましょう。前項（No.54）で「手をつないで」（Comune di Pistoia 2007）というプロジェクトを紹介しましたが、これには街のなかで歴史を発見するプログラムもありました。子どもたちは市庁舎、裁判所、病院、教会、洗礼堂など今でも公共的に使われている古い建物を訪れ、専門家の説明を聞きました。そして学校に帰ってから、印象をことばと描画で表現しました。子どものことばを二つ紹介します。

「宮殿（現市庁舎）の（らせん）階段は広くて（擦り切れて）平べったくなってる。だって長い間馬がひづめで登ってたから。」（Comune di Pistoia 2007, p. 45）
「宮殿の壁にはお医者さん（メディチ家のこと）の紋章がある。模様は、６つの球とピストイアの扉を開ける十字形の鍵。」（Comune di Pistoia 2007, p. 45）

普段は特別注意していない市庁舎の階段も壁も、説明を受けると、何百年もの昔にタイムスリップして、馬の列や騎士たちを見ているような気分になるのではないでしょうか。

また歴史的建物に動物を探す企画もありました。歴史的建物の正面や屋根には、怪獣のような架空の動物がいます。領主のいた時代の紋章に由来し現在も市のシンボルになっている「熊」も、いろいろな建物のなかに登場しています。子どもたちは、宝探しのように、建物のなかにこのような虚実両方の動物を探します。気に入った動物を見つけて、それを頭に刻んで学校に帰り、話し合ったり、絵を描いたり、ストーリーを考えたりします。年長の子は本で調べたりもします。この活動はまた、子どもたちと古い時代を結びつけるだけでなく、子どもと現代の市民を繋ぐ役目も果たしました。街なかで探索するなかで、子どもたちは出会う大人から、ピストイアの歴史について話を聞くことがあるからです。

もっと小さな活動もあります。市の中心の広場に面して聖堂がありますが、そこには中世期の『千の花』という豪華なタペストリーが壁に掛っています。マリノマリーニ幼児学校の子どもたちは、このタペストリーを見学した際、たくさんの植物や花が描かれていることに興味をもちました。学校に帰って話し合い、タペストリーを再現することにしました。といっても織物はできないし、布に全部を描くのはたいへんなので、花模様の包装紙を横に大きく広げ、そこに実際のタペストリーで印象深かった花、木、人、動物などを描き入れていきました。こうして、自分たちのタペストリーを作りました。

最近では、子どもたちが歴史的な建物に、その印象をことばと絵で表現したポスターを貼る、というプロジェクトがつくられました。建物の入口や窓に掲げられた大きなポスターは、市民の目を惹きます。しかもひっそり目立たない建物や、今は商店となっていて古いと気づかれにくい建物に掲げられたポスターは、市民にとっても街の歴史の再発見になりました。

このように、歴史的な遺産の尊重を乳幼児教育のなかに取り入れ、それを子どもたちが楽しむ活動にするのは、日本でも大いに参考になりそうです。大人が、「町を愛しましょう、国を愛しましょう」と言う必要はありません。町の人々が古い歴史をもつ物を大切にし、自分たちの町を壊さず丁寧に保存し、かつ、少々の不便はあっても日常的に使っているということが、子どもたちの町を愛する気持ちを育てています。経済的な利益優先で歴史遺産を壊してしまう国が学ぶべきことがここにはあると思います。

これらのプロジェクトのように、歴史からおもしろいことを発見するのは、身近な物から現代の歴史を再発見するという姿勢にも通じます。ピストイアの子どもたちのなかには、中東や東欧の文化的背景をもった子どももいますが、住んでいる町の歴史に親しむことで町に愛着をもつようになると同時に、自分の出身の文化を再発見する動機づけにもなると思います。

56 地域ネットワークのなかの乳幼児教育施設

ピストイア市の教育憲章が掲げている、「生活と文化の場としての市全体が、子どものためのサービスの場である」ということばには、乳幼児教育施設が地域のなかに根付いていること、子どもは地域の一員としての市民であるという教育がなされていること、市民に乳幼児教育に対する理解を促すこと、という意味が含まれています。

地域と乳幼児教育施設を繋げる役目を担うのは、市役所の教育コーディネータ（No.63）で、二つの仕事があります。

第一の仕事は、地域の施設間のネットワークをつくり推進することです。市役所に設置された教育コーディネート職の初期の仕事のなかには、幼児学校、保育園、アレア・バンビーニ、子育て支援施設が孤立しないように相互関係を維持するという任務がありました。コーディネータがそれを地域ネットワークをつくる試みに発展させたのは、画期的だったと思います。コーディネータたちは、親と祖父母を含む市民、地域の図書館・美術館・劇場のような文化施設、社会福祉機関、民間団体、小中高校の教員、小児科医・心理士・社会福祉士などの職種の人々と連携して、子どもに関係する地域ネットワークをつくってきました。乳幼児教育施設の職員にとって、この地域ネットワークによって地域の機関や人々のリソースを使うことができるのは、とても心強いことです。

地域ネットワークの人々が公的に幼児学校と保育園に関与するのは、経営委員会と評価委員会（No.64参照）への参加です。経営委員会では、教育と経営の問題についてだけでなく、コミュニティの将来や子どもが果たす根本的な役割などについても討議されます。これは市民が日頃から子どもたちを見守り、乳幼児教育施設をよく知っているからこそできることです。といっても教育施設が市民に開放されているのではありません。乳幼児教育施設の教育活動がしばしば街に出てなされること、市の子ども向けの活動が多く企画されていることによるのですが、これは教育コーディネータの第二の仕事あってこそなのです。

第二の仕事とは、子どもたちが園や学校の外で、市のプロジェクトや市民対象のイベントに参加する機会をつくることです。市のプロジェクトは、「子どもたちの友だちの町」という企画がその前身です。これは、小学校放課後活動「ピストイアの児童たち」の責任者だったソニア・イオゼッリさんが小学生のために始めたもので、その後、乳幼児期担当の教育コーディネータが加わるようになって、小学校と幼児学校の子どもが参加する市全体の企画になりました。

「手をつないで」のプロジェクト（No.54、No.55参照）について先に述べましたが、ここには、大通り、隠れた小路、広場のように通り過ぎるだけで注意を向けることの少ない場所、あるいは中に入ることの少ない場所を探索して、街の新たな発見を喚起するという活動も含まれていました。たとえば、「子どもは望遠鏡を持って教会の鐘楼に登り、外を見て、ピストイアの街は赤い！　と発見しました」（Ioselli 2020, p. 123）。子どもたちは高いところから旧市街の家々の屋根を見下ろす経験を初めてしたのです。

一方、市民の側が子どもたちの教育に接する機会として、教育コーディネータは市主催のいろいろなイベントや「街なか展覧会」（№54参照）のような企画をしてきました。年に一度ですが、10月の日曜日に、旧市街のカフェで子どもたちが朝食を食べながら童話の朗読を聴く会があります。これも子どもたちを街なかに「可視化」する機会です。また、「おとぎ話の夕べ」は、夕食後に、保育園と幼児学校が夢と魔法の雰囲気の場に装いを変えて、市の親子を受け入れ、楽しい話をライブで聴かせる企画です。これは教育コーディネータの原案のもとに市民と施設が協力して準備します。

このような教育コーディネータの企画の成果は、市民たちの自発的な活動を生み出しました。保育園と幼児学校の卒業生の親・祖父母・退職教師から成るボランティアグループがイベントを企画する活動、困難を抱えている親子への支援プロジェクト、芸術家とのコラボレーションで身体表現教育の探求をする教師グループ、高齢者が子どもたちに自分の歴史を語る異世代連帯プロジェクト、苗床業者たちが子どもたちに仕事を語るとともに環境づくりを援助する企画などです（Giovannini 2020, pp. 139-140）。

子どものいる人や子どもに関係する職業の人に限らず、子どもと縁のない生活をしている人々も、自分の町にいる子どもたちの成長を見守る気持ちをもって協力できるネットワークの存在は、乳幼児教育施設だけでなく、住民の生活にも豊かさをもたらすはずです。その意味で、教育コーディネータのこの仕事の重要さは教育の範囲を超えて、地域全体に及んでいます。

日本でも、少子化と高齢化で大人が子どもと接する機会が減り、子どもに対する住民の無理解がしばしば論議の的となりますが、コーディネートの仕事をする職が自治体単位で置かれて、子どもと住民を繋ぐ仕事ができれば、もっと子育てに優しい町になるのではないでしょうか。

第11章　多様な子どもと家族

57 障がいのある子どもは特別ではない

イタリアでは、どの教育段階でも、障がいのある子どもは通常の教育機関に受け入れられます。保育園はもとより、幼児学校でも小学校でもそれ以降の教育機関でも、障がいの種類や程度に関係なく、普通学級に居ることができます。

このことがどういう経過をたどって実現したかを、法律の面から見てみましょう。

１９４８年にイタリア共和国憲法が施行されたとき、第３条の「平等原則」と第34条の「障がいのある人の教育の権利」が制定されました。その後１９６８年～１９７０年に障がいのある子どものための特別の学校の設置が進められました。しかし、１９７５年、内閣委員会は、「障がいのある子どもの教育の場は公立の普通学級である」という勧告を出し、障がいのある子どものための特別な学校はわずか5年ほどで廃止になりました。１９９２年には、「障がい者の援助、社会的統合、諸権利に関する基本法」が制定され、「障がいのある子どもがその種類と程度にかかわらず、すべての教育段階で、通常の教育を受ける権利を妨げてはならない」として、通常の学級での教育の完全実施が実現しました。現在もこの法律は揺らいでいません。教員養成課程において、障がいのある子どもへの支援についての教育も進みました。

障がいのある子どもを教育施設で受け入れるに当たっては、適切な教育をするための一定の手順がありま す。まず、医学関係者、福祉関係者によって個人プロフィールが作成されます（診断をつけるためではありません）。それに基づいて、教師、福祉関係者、専門家、時には親が参加して個人の教育プランがつくられ、さらに実行のためのワーキンググループが組織されます。幼児学校以上の学校では、障がいのある子どもが1人在籍するクラスは定員が20人までで、加配の教師がつきます。

以上のように、特別のクラスを設けるのではなく、個人をサポートするプロジェクトによって、普通のクラスで学ぶ権利を保障することが、根付いています。

もちろん、ピストイア市でも発達に障がいのある子どもはどこの施設でも受け入れられますから、教師たちに特別支援について質問しても、特別なシステムって何？と理解できないという反応でした。幼児学校と保育園で何度か、発達に障がいのある子どもに出会いました。パニックを起こして暴れた場にいたこともありますが、子どもたちには特にリアクションがありませんでした。加配の教師がいましたし、まわりの子どもたちは拍子抜けするほど自然でした。

ムリノ保育園で、教師のマルタさんは、加配の教師はグループ全体に関わり、障がいのある子どものためだけにいるのではないけれど、その子のできることや問題点を特に観察する仕事がある、と説明してくれました。教師のリディアさんは、突然発作の起きる稀な病気の2歳の女児の経験を話されました。発達の遅れもあったその子は、普段は可能な方法ですべての活動に参加していましたが、救急車を呼んで看護師さんが担架に乗せて病院に連れていくことがありました。そのとき、他の子どもたちは別室で待っていました。ある子が「〇〇ちゃんはデリケートだからぼくたちここにいるんだ」と言ったそうです。

ムリノ保育園での私たちの観察のときには、発達に遅れのある1歳の男児Aちゃんがいて、他児と一緒には遊べないのですが、一人の教師と楽しそうに遊んでいました。食事時に教師が食べ物をフォークで口元に差し出すと、Aはイヤイヤをして食べようとしません。教師が何度トライしてもだめです。隣の女児がじっと見ていて、しばらくしてAのよだれかけの絵柄を指しAの顔を見ました。注意を逸らせて食べる気にさせたかったのでしょう。Aはその絵柄を見て指差します。教師は子どもたちのよだれかけの絵柄を指し、皆自分のよだれかけを見ます。こうして気分を変えさせようとしても、Aは相変わらず拒否。やがて、Aは女児のフォークを取り上げて彼女の皿を叩き始め、自分の皿も叩きます。女児はだまって、手づかみで食べ続けました。同じ机の子どもたちは、Aを見てはいますが、特に反応することなくマイペースで食べていました。教師は自分も一緒に食べるのでたいへんですが、無理強いすることなく辛抱強くトライしていました。

一人の教師が保育園で障がいのある子どもと向き合った記録を一つ紹介します。古い記録なのですが、教師が期待で子どもを引っ張らずに、受けとめて指導するという、ピストイアの教育の姿勢がよく分かるものです（Magrini & Gandini 2001, pp. 152-163）。

人とのコミュニケーションに障がいがあり発語のない男児D（2歳）が保育園に入り、担任の他に教師Gが指導に当たることになりました。Dは新しい環境に好奇心を示したものの、走り回るだけなので、教師はより動きまわれる1歳児クラスでその日を過ごせるようにしました。翌日、散歩に行った公園でも、Dは歯ブラシケースを放さず走り回り、教師はついて歩きました。園内では、Dが積み木に近づいたので、教師は他児たちにも積み木を渡したのですがDは拒否し、ダメと言われて教師を叩きました。教師はそれを自分の存在を認識できた証と解釈し、追いかけごっこのようにしてDを抱くと、Dは笑いました。Dが走り回って教師が叱らざるをえないときに、Dは癇癪を起こして噛みついたり叩いたことがありました。しかし、癇癪がより短い時間で収まるようになっていくと、このことを教師は、自分の行動の結果に気づき教師への信頼が少しずつ促されたのだと解釈しました。Dは他児に触られるのが嫌で、一人遊びだけだったのですが、やがて並行遊び（離れたところでの他児と同じ遊び）が現れました。教師はこれを園生活に参加するチャンスと考えました。入園から2か月、Dは癇癪を起こすと教師にしがみついて自分を収めるようになりました。以前はいろいろな物の上を浮遊していた視線が、物に少し留まるようになりました。他児との身体接触を嫌がらなくなり教師の手をとることもできるようになりました。こうして、教師との信頼関係が他児との関係にも拡がって、9か月後の5月には、他児が近づいても拒否せず、遊び方も、同じことを繰り返す循環的な遊びからより目的志向的な遊びになりました。

幼児学校でのインクルージョン・プログラムを紹介します。以下は、フィラストロッカ幼児学校の教師が２０２０年12月のオンライン・シンポジウムで報告した例です。

３歳児クラスに全盲の女児Bちゃんが入ることになりました。そこで、教育コーディネータ、市の療育専門家、教師がプロジェクトチームを作りました。入学してまず、Bがどんな自己表現ができるかを観察しました。特にことばでどれくらい表現できるか、コミュニケーションはどうやってできるかという点です。Bがことばはよく話すことが分かったので、チームは視覚以外の感覚とことばを使う遊びをたくさん考案しました。基本は、視覚以外の感覚や情緒とことばを組み合わせて、Bと他児がコミュニケーションする場をつくることです。

・暗い隠れ家の小屋：子どもの間のやりとりを促す。
・球形のクッションを触って遊ぶ。
・香りの箱：たくさんの仕切りの一つひとつに、レモンの香り、サクランボの香りなどの小袋がある。それを臭いで当てっこする。
・悪臭の箱：香りの代わりに悪臭。自分の臭いも入れる。
・自分の声での遊び。いろいろな声を出す。いろいろな音を聴く。
・「そこにあるのは何？」の遊び。箱の小さい穴から手を入れて中の物を当てる。その物からお話を作る。
・太い毛糸を紙の上に貼っていって絵にする。

この活動は、Bと子どもたちの間の垣根をなくしただけでなく、他児たちにも新しい発見をもたらしました。子どもたちは自発的に、自分のやり方で遊びを発展させました。普段視覚に頼っていることを触覚で判断すると、新しいことが見えてきます。さらに別の子どもたちもそれを模倣して、触覚、嗅覚、聴覚を使う遊びが発展しました。教師たちはまた、Bの学校生活には、他児たちの親の協力も欠かせないと考えて、親子の集まりの際に、この感覚の遊びを親子で一緒に経験する機会もつくりました。

どの教育段階でも特別に分離した教育をしないということは、学校以外の場でも、また将来成人してからの社会でも、障がいのある人々と一緒に生活するということを意味するはずです。実際にはどうなのか、どんな価値観が定着しているのか、知りたくなりました。

58 多様な文化的背景をもつ親子

ピストイア市で移民の労働者が増えているのは、イタリアの他の都市と変わりません。おもに、隣国のアルバニアをはじめ、ルーマニア、モルドヴァ、ジョージア他の旧共産圏諸国、モロッコ、ナイジェリア他のアフリカ諸国、中東諸国からの人々です。移民労働者の大半が、市の主要産業である植木の栽培に従事しています。市の教育施設で受け入れている6歳未満児のうち移民家庭の子どもは15%を数え、地域によっては30%を超えるところがあります。

移民家庭の母親への支援は、市の重要政策の一つです。父親が就労している一方で、母親はしばしば職を得られず、家に籠って孤立しがちなのです。市では、イタリア語講座、子育て講座、イベントなど、母親への教育アクションを行ってきました。なかには、名所ツアーの名目で、美しい建物の中やその近隣にある市役所、病院、図書館、住民サービス局などの公共サービスを知ってもらう企画もあったそうです。子どもが教育施設に入って初めて、イタリア社会と恒常的な関わりをもつ母親もいます。そこでは、自分が社会に認められ他者との信頼関係を築く道が徐々に拓かれる一方で、教育施設との関係づくりは文化摩擦の経験の始まりでもあります。

したがって、教育施設での配慮の一つが文化の尊重です。たとえば、フィラストロッカ幼児学校は、低家賃の市営団地の一角にありますが、1970年代にこの団地に入居した世帯には、植木工場で働く移民の家族が大勢いました。その多くが経済的にも社会的にも文化的にも困難を抱えていました。物語と本がテーマのこの幼児学校の教師だったアルガ・ジャコメッリさんは、移民たちの母国のお話の本を集めたのですが、それ以上のことをしたいと思いました。トスカーナ地方には伝統的に語りの文化があって、世代から世代へ物語を語り継ぐことが行われてきました。市の小学校の放課後活動プログラムには、子どもが親や祖父母から口伝えに古い物語を覚える「口から口へ」という活動がありました。アルガさんは、これを移民家庭の幼児に応用したいと思い、移民の父母に自分の出身国の古い話を子どもたちに語ってもらう機会をつくりました。それはかれらには誇らしいことでしたし、子どもたちは非ヨーロッパの国々の物語にも親しむようになりました。

移民の子どもたちは出身国の家庭の伝統的な価値と受け入れ国の価値の両立を図るなかで、二つのアイデンティティを形成しなければなりません。かれらがぶつかる困難が乳幼児教育施設で最も日常的に表れるのは、食事、午睡、身体のケア、健康、病気についてです。施設では、これらについて、親の立場に立って、その子の家庭のやり方を受け入れるように努めます。特に、食事は文化と宗教の問題、健康への文化的な考えが大きく影響する側面です。一人の子の食事が他の子と違っても、それをいぶかしく思う子はいません。違うことについては教師が説明します。また保育園での午睡の仕方は、親に聞いたり写真を見せてもらって、家庭のやり方を園でも踏襲するようにします。

教育施設での異文化出自の子どもと家族の位置づけについては、単に支援するというスタンスではなく、多様な人々の存在は施設の在り方を問い直すポジティブな意味をもつ、と考えます。移民家族に長年接してきた教育コーディネータのラウラ・コンティーニさんは、「『他所から来た』家族の存在は、（乳幼児教育施設の教師にとって）なすべきことと現状について考え、自分たちの教育実践・受け入れ方・コミュニケーションの仕方・自分のアイデンティティなどを見直し、教育プログラムを充実させる機会となる。」（Contini 2020, p. 101）と、書いています。さらに「世界中からやってくる人々のものの見方や解釈の多様性によって、教育施設は豊かになる。多様な観点を通して人間性の理解を学ぶ場所である教育施設を創ることは、したがって、ピストイア市民のみならず世界市民を教育することに寄与する」（Contini 2020, p. 111）という一人の市職員のことばを引用しています。まったく同感です。

乳幼児施設は市民とコミュニティとの橋渡し役でもあります。児童館アレア・ジャッラでは、２０１３年から、移民の母親を含めいろいろな職の人たちが集まり、コミュニティの中で多文化を受け入れる現実的な方策を議論する会合を継続的にもってきました。最近では、移民の親の個人的な体験や教師が経験した「ずれ」を語ったビデオやドキュメンテーションを作成し、それをもとに議論しました。また親子が一緒に楽しむ遊び、民話、リサイクル品を使った制作などを通して、いろいろな国の文化を知り合う企画も実施しました。この会合をきっかけに、市役所では、行政文書の翻訳（アラブ語、アルバニア語他）や、事務手続きの言語仲介サービス窓口が強化されました。教育施設では、移民の家族は自国の言語に翻訳された情報を手にすることができ、また親の集まりや教師との面談の機会に、ことばの仲介をする人が市から派遣されるようになりました。

現在までのところ、文化の多様性が市民生活で大きな摩擦を起こすことにはなっていないようですが、将来起こり得る困難にどんな形で取り組んでいくか、注目しています。

59

多様性と平等

乳幼児教育施設の集団は多様な社会です。個性が違う子どもと大人が集まり、一日のかなりの部分を一緒に過ごすのですから。しかも、乳幼児期特有の多様さがあります。この時期の子どもの発達には個人差が大きいですし、個人内でも、たとえば移動運動の発達は早いが言語発達がやや遅いというように、発達の側面には必ずばらつきがあります。またことばの数が少なかった子どもが急によく話すようになる、というように、時間の経過に伴う発達の変化も、子どもによってさまざまです。したがって、多様性は乳幼児教育施設の基本的な特徴です。

多様性の社会とは、人々が、それぞれの特性が尊重される権利をもって、対等に、住んでいる社会で生活できることで、これが民主主義の基本であることは言うまでもありません。

ヨーロッパは古くから多民族が混在する社会ですから、多様性は社会の基盤です。教育施設が外見も行動も習慣も多様な子どもたちから構成されているのは自明なことです。いろいろ違う子どもたちに同じ一つのやり方で接してもうまくいくはずがありません。

一方、日本では、多様性の概念はまだ根付いていないと思います。それは、現実には外見も考えや生き方もさまざまな人がいるのに、日本社会の「同一性」という過去の幻影にとらわれがちだからだと思います。日本では「平等」がとても大きな価値をもっていますが、平等と同一性は表裏一体のように思います。というのは、「平等にする」ということがしばしば、「同じことをする」という意味に解釈されるからです。

発達心理学者ピアジェの道徳性の発達研究に次のような実験があります。二人の子どもAとBの前にビスケットが10個あるとします。Aは空腹です。Bは食べたばかりでおなかはすいていません。二人にビスケットを分けるとして、①5個ずつ分ける、②Aには8個、Bには2個あげる、のどちらにしますか、という課題です。幼い子どもは①が正しいと考えます。もっと年長の子どもは②が正しいと言います。ピアジェは前者を機械的平等、後者は公平性と言い、後者の方が高い発達段階である、と結論しています。私が大人にこのクイズを出すと、確かに、その人の必要に応じて分けるのがよいから②が正しいと、たいていの人が言います。

ところが、現実の場面になると、ピアジェのいう機械的平等を要求する声が聞かれることがしばしばあるように思います。たとえば、小学校で、黒板の字を速く書けない児童に補助手段のタブレットの使用を許すと、一人だけ許すのは不公平だという声が上がることがあります。日本でいう平等がしばしば個人の状況の違いとは無関係に同じことをするという機械的平等で、各自の必要性に応じた公平が考えられにくいのは、多様性を認める意識が定着していないからだと思います。

こんなことを考えるのは、ピストイアの乳幼児教育施設を見学して、この「機械的平等」がいかに窮屈であり、多様性がいかに人を解放するか、を実感するからです。

ピストイアで、たとえば、夏休みに家族旅行に行った子が旅行のことをたくさん話し、行かなかった子は話すことがなくても、互いにまったく気にしません。教師が気を遣うこともありません。おやつに手作りお菓子を持って来る親と、持って来ない親がいても、互いに気まずいことはまったくありません。

ピストイアの教師たちはときどき「比較する」ということばを口にします、たとえば、施設間の合同研修で他の施設と比較する、という発言について、最初、私はどちらが良いかという否定的な意味かと思いました。しかし、他の施設の実践が自分たちと違っているところを知るのは勉強になる、という肯定的な意味であり、比較ということには、良し悪し、優劣という意味は入っていないことが分かりました。優劣、大小などと私が考えていた比較は一つの次元で判断し、多様な次元を規準にしていないことに気づきました。多様性が思考や判断の土台にあれば、二つのことを比較することは、互いに別の面や別の観点が見えてくるということなのです。それは必要性や事情が異なる人々を、各々の立場で考えることに通じます。ピストイアの教師たちが一人ひとりの子どもに向かう姿勢の根本には、多様な人間が一緒に生きるのが社会だということが身体に染み込んでいるのです。多様性の文化が根付いていない日本では、意識して、多様さを当たり前のこととして認めようと努力することが必要なのではないでしょうか。

第12章　教育職員の働き方

60

教育職員の労働条件

ピストイア市立の幼児学校と保育園を訪問して毎回印象に残るのは、教師たちが余裕をもって働いていることです。日本の保育者がしばしば忙しすぎて疲弊しがちなのを思うと、ピストイア市の教師たちがどんな労働条件の下で働いているかを知りたくなりました。

乳幼児教育制度の項（No.８）で述べたように、ピストイア市では、幼児学校と保育園の教師の採用条件は同じで、大学で幼児学校教諭資格を得ていることですので、労働条件は共通です。幼児学校教諭は小学校教諭と基本的に同じ労働条件と給与ですから、保育園も同等になります（２０２２年の資格に関する法改正で今後は変わる可能性があります。No.８参照）。

○**労働時間**：労働時間は年間42週間で、週当たりの労働時間は36時間、そのうち、子どもと直接接する労働時間が週30時間です。残り週6時間は子どもに直接携わらない時間で、ドキュメンテーション作り、自己研修、職場研修などに充てられます。保育園では子どもに接する時間が30時間でも、実際には祖父母が午後早い時間に迎えに来ることも多いので、夕方までたくさん子どもがいるという状態はさほど多くありません。実質的に子どもが少なければ、そのぶん自分の仕事に時間を割けるわけです。

◯**協働であること**：教師たちの仕事はチーム体制です。クラスは複数の教師で担当し、クラスリーダーはいません。教育計画については個々のやりたいことを互いに調整し、1週間の振り返りの週報の作成やいろいろな決定はクラス内の話し合いでなされます。施設長はいませんので、決定には命令系統がなく、合議制です。施設全体の検討は全体会議で合議されます。これらの話し合いは子どもに接しない週6時間のなかで行われます。職員間のヒエラルキーがないので、責任は分担します。この体制を教師たちは誇りに思っているようで、きっちり守るように努力しています。

◯**職員の個性と職能を伸ばせること**：子どもと接しない勤務時間の月24時間のうち20時間は有給で研修をする権利が認められています。自己費用で休暇をとって、などとは考えられないでしょう。市の研修と自己研修で、各自が興味をもつテーマを追求したり技能を磨くことのできる制度については、別項（№62）で述べますが、自己実現の機会をもつ権利があることは、生き生きと働ける大きな原動力となります。

◯**事務仕事がないこと**：うらやましいのは、子どもの教育に直接関係する仕事に専念でき、事務的な仕事も掃除のような雑用もしなくて済むことです。物品の請求、会計処理、管理運営の報告、すべて市役所でなされます。何かが壊れたとか、備えて欲しいというようなときは、直接か教育コーディネータを通して市役所に請求します。保護者とのトラブルには教育コーディネータが仲介して対処します。

◯**職場**：市立教育施設では、定期的な転勤という制度はありません。基本的には、職場に腰を落ち着けて長期計画で働けるので、仕事の蓄積が可能です。同僚とのチームワークなので、時間をかけてよい協働を築くことも可能です。「問題のある人がいたり、職員同士の関係がうまく行かないときにはどうするのですか?」と質問したのですが、「よく話し合ったり、教育コーディネータが仲介して解決しますが、それでもどうしてもだめなときだけ、転勤を勧めます」とのことでした。職員が固定化することの弊害を優先するのではなくて、長期の体制とチームワークの長所を優先しているのだと思いました。一方、希望しての転勤には、幼児学校と保育園の間の異動がしばしばあります。昨年度に幼児学校で会った教師が今年は保育園の0歳児クラスで会ったということもありました。保育園で赤ちゃんを抱くのは身体的に厳しくなったので、幼児学校に転勤した教師もいました。

○**ジェンダー・バランスの問題**：職場の男女比については、ほとんど考えられていないと思われます。私たちがこれまで出会った男性教師は一人だけ。ただし、職場がおむつ替えのある保育園の0歳児クラス担当でも誰も問題にはしませんでした。彼は現在は幼児学校にいます。男性がほとんどいないのは、おそらく、保育園・幼児学校の設立から女性が担ってきた歴史があるからでしょう。この世代が退職し、次世代になった今、将来変わっていくことを期待します。

以上のような労働条件の下、やりがいがあり自分を高める可能性のあるこの職に就いた多くの人が定年まで勤め上げたいと思っているそうです。つまり離職が少なく、年齢層が全体に高いのです。研鑽を積み経験豊富な教師が多いのはメリットですが、見方を変えると、子どもが幅広い年齢層の大人に接していない、若い人が希望してもなかなか職を得られない、世代交代による新しい考えや技術の導入がされにくい、というデメリットがあります。教師の質が向上すればするほど解決不能なジレンマです。

61 充実した現職研修

有給の研修時間がどれだけ確保されているか、研修制度と内容は、教師・保育者の資質向上や教育・保育の質の向上にどのように役立っているのか。この問題について、ピストイア市の研修は優れた例を示しています。

幼児学校の場合、教師の研修時間は国の制度によって保証されています。一方、保育園職員の研修は自治体が決めますが、幼児学校よりも時間数が少ない自治体が多いのです。しかし、ピストイア市では、保育園教師の現職研修は最も重要視されていることの一つであり、市立の幼児学校と保育園の創設時から、両者は同じ時間数の研修が確保されています。当時は初期養成が整っておらず、職員に雇用してから育てるという考えだったためと思われますが、研修の基本方針は今でも変わっていません。

○**研修の目的**：二つの目的があります。一つは、チームで仕事をする能力を高め、職場内および職場間、職種間の協働力を高めることです。もう一つは、教師の個人的な資質を高めることです。チームとしての仕事の質向上という目的のためには、各施設独自の課題、すなわちその施設の職員の意向、教育プロジェクト、地域の特徴に関した研修がなされます。個人の資質向上のためには、初任者研修から高度な技能研修までいろいろなレベルがあります。

○**研修の基本方針**：市の研修の基本方針は、継続性と集団指導性です。継続性とは、教育実践の過程と平行して行うということで、実践の向上のために固定メンバーで長期的に継続するプロジェクトの形をとることがあります。集団指導性というのは、一つの施設あるいは複数の施設の教師集団が協同して、共通のテーマで研修プログラムをつくるということで、教師たちが独自にプランを作成する場合もあれば、外部の研究者や専門家の支援を受ける場合もあります。

○**研修プログラムつくり**：職員の要望をもとに、教育コーディネータが年間の研修計画を立て、企画を実行します。教育コーディネータは現場に通じているので、教師たちの日々の実践の過程を研修に繋げることができます。

○**研修の種類**：市が企画する研修、施設間の合同研修、職場内研修、自己研修があります。

市による研修は、幼児学校と保育園の職員全員（150人ほど）が一緒に受ける全体研修と、30人ほどの小グループに分かれて行う研修があります。最初は市立の幼児学校と保育園だけで行っていましたが、やがて、研修があまりなかった国立幼児学校も参加するようになり、さらに現在では、認可私立保育園の職員も参加する機会を得ています。全体研修は、おもに実践の基本的なことがらについての研修で、ベテラン職員には繰り返されたテーマもあるそうですが、いろいろな角度から検討したり、また、教育学についての研修や文化的な講演もあります。小グループ研修を通しては、傾聴の力、対話を発展させる能力、仕事への動機づけを高めることも狙っています。

幼児学校の合同研修会あるいは保育園の合同研修会の目的には、他の施設の教師と交流する、他の施設から良い実例を学ぶ、自分たちの新たな解決策を見つける、などがあります。合同研修会にはたくさんのテーマが設定されます。たとえば外国籍の子どもたちの受け入れ、保育園から幼児学校への継続性、日常的な子どもたちの行動など、実践に直接関係したことです。

職場内研修では、教師だけでなく、調理職、補助職も対等な立場で参加します。私たちはいくつかの保育園、幼児学校の職場内研修の場に同席を許されました。ある保育園では、各クラスの実践報告についての議論でした。集中的な議論は、軽い障がいでグループから外れがちな子どもに対してどのような配慮をするかについてで、クラスの教師たちがその子の進歩の過程を話し、食事とことばの問題について、次の支援のアイディア、支援の方向、新しい提案を出し合う形で進みました。

自己研修については、各教師が好きなこと、得意なことをブラッシュアップする権利が研修時間のなかに含まれています。教師が自己研鑽する場所は、職場のなかでもよいし、外部の機関（大学・図書館・博物館他）でも、個人的な学びの機会でも構いません（No.62参照）。

最後に、これらの研修ができるのは、市役所の予算が確保されていることによるのは言うまでもありません。教育の質向上には教師の研修が何よりも重要だという行政の認識が今のところ揺らいでいないのは幸いです。

62

教師が情熱をもって好きなことを学ぶ

ピストイア市立の保育園と幼児学校の小グループ活動を観察したときに、同じ学年の複数の小グループが同じ活動をしているのを見たことがありません。それぞれの教師が工夫した活動でした。その意図について質問すると、皆さんが熱く語ってくれます。各自どのようにプログラムを作るのか、それを可能にする技能や知識はどのように身に付けるのか、興味が沸きました。

ピストイア市の教育を黎明期から築いてきた一人である、アレア・ブルーのアンジェラ・パランドリさんは、以前幼児学校の教師でしたが、自己研修制度を利用して美術についての造詣を深め、美術のテーマをもつ児童館の専門指導者になりました。彼女は、教師の「情熱」について、次のように語りました。

「教師の仕事はまず情熱の活動です。美を教える教師は芸術を愛さなければなりません。素材が好きでなければなりません。大切なのは、子どもの美への感受性や好みを呼び覚ますことなのです。本の仕事をしている同僚は文学に情熱を注いでいます。音楽の仕事をしている同僚は音楽に情熱をもっています。ピストイアでは、こうした個人の能力が常に評価されてきました。『愛しているものを伝える』とよく言われますが、感じたり

信じたり親しみを感じるものは他の人に伝えることができるのです。」（星他 2014a, p. 135）

このような教師を生み出す秘訣は、研修制度と自己研修の勤務時間の確保に加えて、研修プログラムの柔軟性と教師個人の自由度の大きさにあると、教育コーディネータのドナテラさんが教えてくれました。好きなことや得意なことを追求して能力を高めるのが奨励されることで、個々の教師が教育の主役でいられ、自分の能力を子どものために生かすことに喜びを見出せる。これは、ピストイア市の公立乳幼児教育施設の創設以来の基本的な方針であり、教育の質の向上のための最上の方法だと考えられているのです。

勤務時間のなかで、子どもと接しない年間１５０時間のうち60時間が職員研修の時間に充てられますが、市の研修に参加する他は、個人で外部の研修に行くことも自己研修として自由に腕を磨くことも可能で、各自の研修プログラムの柔軟性がとても大きいのです。

教師の間で能力の差が出たり、「わたしは何も取り柄がない」と尻込みする教師がいたり、あるいはできる教師をヤッカミで見るようなことはないのでしょうか。「それぞれの素質や才能や適性を、うぬぼれによってではなく、みんなのための価値として評価するのです。ありのままの自分を認めてもらい自分の能力に敬意を払ってもらってこそ、良い教師でいられます」というのがドナテラさんの答えでした。

自己研修の成果は、冒頭で述べたような、教師それぞれが工夫したプログラムによる教育実践に反映されます。とはいっても、教師がそれぞれ勝手に好きなことをするという意味では無論なくて、学年としての、共同で決めた大きなテーマや全体プログラムの枠のなかで協議し、各自の関心にしたがって提案したり互いに助け合ったりしながら、個人のプログラムをつくることが奨励されます。その過程で研修の成果も発揮できるように調整されます。

教師たちは自己研修を実践にどう反映しているでしょうか。フィラストロッカ幼児学校のある教師のことばです。

「それぞれの教師にやりたいことがあります。Rさんはお話をするのが好きで、私は美術の活動が好きです。各自に専門があるというわけではありませんが、自分の好みに沿って進めます。年間プログラムのなかで、それぞれの教師が希望する切り口で活動に取り組みます。たとえば、私はアートが好きなので、お話を読んだりクラスのシンボルのライオンについての活動の時にも、アートの方法を選びます。別の教師は物語を語ることに重点を置くでしょう。私たちは、自分が好きなものを選ぶというように養成されているので、習慣になっています。」（星他 2014a, p. 63）

自分の好きなことを磨いて、それを教育のなかで子どもたちに伝えることができる、ということは教育者にとって何と喜びなのでしょう。教師が熱意をこめて、また楽しそうに教えてくれることは、子どもの心に響くに違いありません。その思いに子どもが応えるとき、それは教育者としての自己効力感を高めます。教育の質の向上への職員研修の重要さを改めて実感した教師たちのことばでした。

63 教育コーディネータという職

ピストイア市の乳幼児教育を支えているのが、市役所の教育コーディネート職員です。教育コーディネート制度はピストイア市独自ではなく、イタリアの大きな都市の自治体では伝統的にある制度です。最近では国が全国の自治体すべてに置くように制度化しました。基本的な職務は、就学前の子どものための施設のネットワークを教育的な観点から支援すること、教育施設と自治体を繋ぐこと、教師たちの現職研修を支えることです。ただ、実際の仕事は自治体によってかなり違うようです。

ピストイア市では、１９７２年に市役所に教育コーディネート制度ができたとき、０歳から６歳対象のセクター全体、すなわち幼児学校、保育園、アレア・バンビーニ、その他の子育て支援施設について、単一のコーディネート局で一貫した方針のもとで支える選択をしました。

現在、市の教育文化部教育コーディネート局には３人の教育コーディネータがいます。主として幼児学校の担当と保育園および他の３歳未満児施設の担当に分かれ、それぞれ８〜10か所の担当施設を巡回しています。ただし、仕事をきっちり分担してはいず、チームを組んでいろいろな問題に柔軟に対処しています。フィレンツェ大学大学院で教育学を専攻してこの仕事を長年率いてきたドナテラさんが定年退職し、現在は現場の教師だった人たちが引き継いでいます。

教育コーディネータの仕事の理念については、元乳幼児教育局長のアンナリアさんが以下のように書いています。

「教育コーディネータは、ある地域の乳幼児施設の教育的アイデンティティを常に継続して推し進め、公共に知らしめ、コミュニティの参加を誘う。ある地域でネットワークを構築し根を下ろすためにサービス間の結びつきを強める。そして地域コミュニティが子どもの権利ならびに保育園や幼児学校の機能についての意識を高め感受性をもつために、協働の精神と開かれた精神を培う。もう一つの重要な機能は、行政・組織の選択と教育の仕事の間の一貫性を保証すること、およびそれぞれの施設の教育的な側面と組織的な側面の間の調整を手助けすることである。」（Galardini 2008, p. 18）

ピストイア市の教育コーディネータの実際の仕事は多岐にわたりますが、施設の職員を支えること、地域社会と施設を繋ぐこと、国内外との研究交流に大きく分かれます。本項では教育施設の職員を支えることの詳細を述べ、地域と施設を繋ぐことは№56で、国内外との交流は№65で述べます。

教育施設およびその職員への支援の仕事を以下に列挙します（Giovannini 2020, pp. 134-151）。

○ **施設の運営と市役所を繋ぐこと**：教育施設には施設長も事務職員もいません。教師たちは施設の運営に必要なことや事務的な要望をコーディネータに伝えます。備品や用具の購入から人事のことまですべてです。コーディネータは市役所の担当者に掛け合って、それを実現するよう図ります。

○**施設の教育計画、教育プログラムの作成への参加**：コーディネータは普段から担当の施設を巡回しています。職員会議にもしばしば出席します。担当施設の教師たちとの信頼関係を築いており、これが、かれらとの協働の土台になっています。教師たちが構想する教育目標や方法を調整しつつ、市としての教育の方向性を一緒に考えアドバイスします。

○**研修の企画と運営**：施設内研修、施設間の研修、市の教育職全体の研修、親も参加する研修など、さまざまな研修をリードします。研修のテーマは施設の教師たちと日常の問題を話し合うなかで決めていきます（No.61）。

○**施設でのトラブルの仲介役**：施設と親の間でトラブルがあった場合、仲介役として調整します。

○**教育についての実践研究の推進**：教育の改善のための実践研究をリードします（No.65）。

以上のように、教育コーディネータに必要な能力は、教育の専門的知識、組織力、管理的技能、企画力、人との関係のファシリテート、カウンセリング能力などで、まさにマルチ人間のなす業です。しかも、フットワークが軽く現場を常に動いています。そのパワーの源泉は、日頃、園や学校を訪れて、子どもたちと教師たちをよく知っており、信頼関係ができていることだそうです。教師たちの働きを支える要として、ますます重要になる仕事です。

64 関係者の合議による教育の質の評価

教育・保育施設が国や自治体の最低基準を満たしているかについての評価においては、施設環境の要件、職員の人数配置、職員の労働条件など、数字で分かる評価が行われています。一方、教育・保育の質に関する評価とモニタリングは、より掴みにくい難しい評価であるといえます。

改めて、乳幼児教育施設での教育・保育の質についての評価とは何を評価するのか、考えてみたいと思います。

日本では、乳幼児教育施設が保育の質を満たしているか、改善しているか、についての監督自治体による評価で主となるのは、自己評価、外部評価、利用者評価です。補助金として税金を投入している以上住民への情報公開は必須で、わかりやすい5段階評定のような数値で表される評価方式がしばしば採用され、また費用対効果が問題になります。もっともなことですが、反面、乳幼児教育施設をサービス施設と見る傾向を強めます。また保護者の満足度評価は保護者を顧客のように扱ってしまうリスクがあります。しかし保育・教育の核心は数値には表れないことを、保育者の方はよく承知しているでしょう。ところが、この評価方式があたかもその施設の保育の質を語っていると、誤解されがちです。

この英米流の考え方は、ヨーロッパ諸国ではすべての国で受け入れられているわけではありません。イタリアの自治体のなかには、結果が分かりやすいことよりも、個々の施設の教育・保育の質の向上のために何を改善するか、という実質的な視点で、関係者が、納得のいく合議によって、民主的な形の評価をしようという方針をとっているところがあります。ピストイア市もそのような自治体の一つです。「参加的評価」(Giandomenico et al. 2013, p. 277）と呼ばれるこの評価方式の特徴を挙げます（Picchio et al. 2014)。

○**基本的な考え方**：教育実践は子どもや家族の置かれた社会・文化状況のなかに組み込まれており、変化し得る現実的なものです。したがって、評価も子どもの実際の行動や現在の経験の分析に基づくべきであって、規範的な外的モデルや外部の評価方法に基づくべきではないと考えます。

○**参加的評価**：それぞれ違う立場ながら乳幼児教育の関係者である、政策決定者、職員、教育コーディネータ、親、場合によっては市民が参加して会議をもち、その連続的なプロセスのなかで評価するという形です。外部の第三者評価ではなく、評価を受ける施設に関わる人たち自身が評価するという意味で、参加者評価です。親は教育の当事者として参加し、利用者としての評価はしません。

○**評価すること**：評価の対象は個々の施設での以下のことです。施設と家庭の間の移行、社会的プロセス（全般的雰囲気、グループ形成、相互作用)、子どもの活動（タイプ、時間、状況、参加状況)、ケアの時間（実行の仕方、時間、子どもの参加状況)、空間の使用（子ども、大人)、時間の使用と子どもへの影響。

○**評価をするための材料**：2種類のドキュメンテーションが使われます。一つは実践者自身による週報ドキュメンテーション（No.17）です。もう一つは教育コーディネータによる「観察レポート」で、2人の観察者が1日を観察し分析したものです。どちらも観察を筆記記述して、それを一定のフォーマットに整理したものです。

○**評価の過程**：一定の期間に作られた2種のドキュメンテーションが評価する人たちに配られます。各評価者はすべてのドキュメンテーションを分析して、子どもの経験の質や教師の実践の適切さのような質の評価をことばで表現するよう求められます。その上で、全員が集まる議論の場が設けられます。各人が意見を表明し討論することを繰り返し、最終的に一定の評価に達します。つまり、評価者たちの議論の結果引き出された合理的な判断が、施設の評価になります。多様な考えと背景をもつ人たちの意見は評価の効果を高める一方で、評価の信頼性を保証するためには共通の枠組みが必要で、そのために一定の厳密な手続きがとられます。これによって主観的な側面は相補的に調整され、共有された意味が浮き上がる、つまり評価の客観性は、時間はかかっても「全員の納得」で保証されると考えるのです。

65

実践研究と国内外との交流

ピストイアでは、イタリアの他の先進的自治体と同様に、実践現場に密着した研究による支えを求めてきました。市立乳幼児教育施設の創設期から、教育理念と実践を築く上での理論面の支えは不可欠でした。フランスをはじめとする外国の研究もさることながら、創設期から現在まで一貫して理論的支えを担っているのは、国立認知科学研究所の発達部門です（Picchio et al. 2010）。ここの研究員たちは定期的にピストイアの教育施設で観察研究を行い、助言してきました。この過程を通じて、教師たちは研究対象になることから、自分たちの実践を研究する側になることへと育っていきました（Musatti et al. 2016, p. 51）。5年ほど前に新たな研究チームが組織され、多くの保育園の教師たちが共同で、国立認知科学研究所のトゥーリア・ムザッティさんたちの助言のもとに、実践研究を開始しました。それは各園が週報を分析して合同会議の場で発表し、討論し、それぞれ異なる視点を発見したり、受けとるコメントから自分の施設について見直して、教育の改善に資するというものです。最近では、週報から一定のテーマをもったパワーポイント（写真とことばで構成）を作成することで、議論の焦点をより明確にしています。参加者も、市のすべての認可乳幼児教育施設（市立・国立幼児学校、市立保育園、認可私立保育園）の教師たちに拡がり、同じテーマについて多様な分析と解釈がなされることを経験して、互いに視野を拡げました。本書がしばしば引用している『一緒に居る、一緒に知る』（Musatti et al. 2018）という本はこの実践研究の成果です。

国際学会など国外での研究発表や国外の研究者との交流の際には、しばしば現場の教師が教育コーディネータとともに参加しています。それは教師たちがより広い視野をもつこと、また自分たちの実践を研究の目で批判的に見ることを目論んでいるからです。このように、教師が研究の視点をもつことが教育実践者としての能力を高めるのに役立っています。

ピストイアの乳幼児教育はヨーロッパ諸国で高い評価を得ているので、外国から多数の研究者・乳幼児教育施設の職員・養成機関の教師・学生が研修に来て、その成果から自園・自国の教育の改善の試みをいろいろ行っています。ピストイアの教師たちは、その人たちとの交流は自分を振り返る機会だと言います。1〜2日の短期の見学と数週間の長期の研修プログラムをどう組んで、来所する人々を受け入れるかが検討され、最近では、そのための実践研究が、教育コーディネータを中心とした教師チームによって始まりました。それは一つのパッケージを作って効率よく説明するためではありません。さっと来てあちこち写真を撮って去っていく「教育ツーリズム」を常々残念に思っていたことから、訪問者との対話が双方に有意義になるためにはどう受け入れたらよいかを目的とする研究です。保育関係者にとって他国の教育施設を見学することには、二つの相反する意味が含まれていると研究チームは考えており、「それは、近づくことと距離を置くこと、自分から離れることと旅の終わりに自己を再認識すること、知らない場所を発見することと最初は異質に見えたことに親密さを見出すこと。これらの間の緊張関係がある。見学者が感嘆・驚きの様子を見せるとき、それは、自身の思考や実践の飛び板となるだけでなく、既視感にもなる」（Cappelli et al. 2021, pp. 272-

273）と述べています。たしかに、保育関係者が乳幼児教育施設を見学するときのこの感覚は独特で、深い洞察をもたらしうるのだと思います。一方、受け入れる教師たちの側も、見学者の多くの質問と対話から、自分の仕事の意味を再構成することを迫られます。つまり、見学者を受け入れることは、自己研修の一つの形であり実践研究のテーマだと教師たちは考えるのです。

研究チームは、見学者・研修者を受け入るために重要なこととして、教育システムと組織についての自分の知識を強化すること、自分一人でも受け入れができるだけの専門知識をもつこと、自分の仕事や考え方を正確に分かりやすく説明する言語能力をもつこと、そして相手の話を聴く能力を高めること、を挙げています。

この実践研究で最も力を入れているのは、ことばで正確に伝える方法です。自分たちの実践はどんな理由で選択したのか、実践の意味は何かを、背景の異なる見学者が分かるようにどう正確に表現するか。特に、実践現場のような目に見える側面ではなく、子どもと接しない時間での教師の仕事、教育コーディネータの役割、家族や市民との関係など、現場では見えないことを正確に伝えるにはどんなことばが必要か。もちろん公的で紋切り型の説明ではなく、教師自身の生きたことばで語らなければ相手に伝わりません。それは同時に、教師が自分自身の仕事の意味を再考することでもあります。

見学者の話をいかに聴くかも重要です。質問から、何を求められているのかを理解しなければなりません。相手は自分の背景をもとに質問してくるので、異文化間のギャップを考慮に入れて聴くことも必要です。たとえば、この研究では、「なぜあらかじめプログラムを決めて実践しないのか」という質問に対してどう説明するか、が検討されたと聞いています。「教育モデルはありません。プログラムを毎日協働で作ります」

ということを、対話のなかで相手の国の状況を考慮しながら、どうすれば理解してもらえるか。このようなことを研究することで、教師自らの実践が豊かになる、ということです。

見学者との対話から新しい考えを学ぶこともあります。たとえば、デンマークでは一年中戸外で遊ぶという話を聴いて、教師間で改めて生活スタイルについての議論が生まれ、雨でも傘をもって出ればよいのだと、実践のやり方を変えたそうです。またベルギーで実践されている移民家族への支援の話は、市が多言語のパンフレットを作る際に役に立ったということです。

私たちは何度も観察に行っていますが、一方的にお願いするのではなく、相互的な情報交流にしたいという思いから、日本の保育のことを講演する機会を作ってもらったこともあります。教師たちへの質問に関しては、あらかじめ聞きたいことを教師たちにメールで送っておきます。私たちはインタビューで質問の回答を口頭でもらうことから始め、さらに発展質問や追加質問をします。あらかじめの質問について考える手間をとらせて恐縮だと言いましたら、それは毎日していることをどう言語化するかをじっくり省察する時間であり、気づかなかったことに気づくことがある、とても勉強になる、とお世辞抜きで言われました。

国内の地方との交流もいろいろな目的で行われてきました。整備が遅れているイタリア南部地域へのテコ入れとして、パレルモ市の職員の研修があります。近隣では、トスカーナ・アプローチという、トスカーナ地方の自治体の乳幼児施設のガバナンスの統合システムに寄与する活動もあります。研究面では国立認知科学研究所はもとより、パルマ大学などとの協働もあります。中部・北部の自治体との協力関係は、乳幼児教育施設の創設以来のものです。

第13章　アレア・バンビーニ

66

ユニークな児童館「アレア・バンビーニ」

「アレア・バンビーニ（子どもの場所）」はピストイア市営の学校外施設で、4か所あります。日本でこれと近いのは児童館ですが、二つの点で大きく異なっています。一つはそれぞれ活動領域に特化した教育を行っていることです。各施設には色の名前がついており、美術活動のアレア・ブルー（青）、物語や演劇についてのアレア・ジャッラ（黄色）、自然に関係する活動のアレア・ヴェルデ（緑）、さらに乳児とその親のための子育て支援施設アレア・ロッサ（赤）があります。

もう一つの点は、アレア・ロッサを除く3か所が、学校や幼児学校と連携して授業中に子どもたちを迎えていることです。もともとは小学生の放課後活動である「ピストイアの児童たち」が幼児学校にまで拡大されたもので、午前中は授業時間内に学校からクラス単位で受け入れ、放課後は個人が親と一緒に来るというシステムになっています。

アレア・バンビーニは、学校組織とは独立した、市の運営である点を生かして、小学校、幼児学校、保育園、家庭のどこにもドアを開いて、広い年齢層の子どもたちを受け入れており、かつ教育内容を通して小学校、幼児学校、保育園を繋ぐ役割をしています。

ピストイア市はこの施設をイタリアで初めて創りました。今はピストイア市に倣って、設けている自治体が増えているそうです。学校外の施設が幼児学校の子どもも小学校の子どもも授業時間内に受け入れるということは、市の異なる行政部門の協働関係によって実現しました。初等教育局長ソニアさんと幼児教育局長アンナリアさんは二人とも、行政の管理組織にとらわれずに良い教育の機会を提供したいという意思をもっていたからです。もちろん二人の間の合意だけでなく、それに伴う教育現場と行政現場の人々の協働が必要でした。

なぜ美術、演劇、自然科学に特化しているかというと、この領域に詳しい教師がいたからです。つまり担当する候補者が先にいて、その人を充分生かせる施設を創ったという点がとてもユニークです。ちなみに、当初は音楽についてのアレア・バンビーニも構想されていたのですが、担当できる人が転居してしまって実現しなかったとか。

職員が教師だということが、もう一つの特徴です。つまり美術の専門家や科学の専門家ではなく、子どもたちに合わせて教育の仕方を考案できる人たちです。その理由を、アレア・ブルーのアンジェラさんは次のように力説しました。

「私たちの目的は、子どもたちに美術史や芸術家について教えることではないからです。目的は、子どもたちが美に興味や関心をもつよう促し、子どもたちの美的な感性を呼び覚ますことにあります。これは、教師のほうが美術の専門家よりも上手にできると思います。なぜなら教師は子どもたちをよく知っていて、子どもたちが何に対して興味や好奇心をもっているのかを分かっているからです。」（星他 2014a, p. 133）

このように、アレア・バンビーニは、学校教育、幼児教育を補完する場としての役割を果たしています。これらを見学していると、どうして日本の自治体のなかにこのような共通施設がなく、個々の学校や幼稚園のなかだけで教育がなされているのか、不思議に思えるほどです。豊かな教材とすばらしい専門知識・技能をもった教師がいれば、それに自治体が移動手段を用意すれば、一つの学校のなかで完結する教育よりもずっと良い教育ができるのに、と思います。

もっとも、アレア・バンビーニには弱点もあります。適切な人がいて、その人に合わせたテーマで創設され発展したので、その人たちがいるうちはよいのですが、後継者問題が起きました。創設メンバーである、アレア・ヴェルデのヴィットリオさん、アレア・ブルーのアンジェラさん、アレア・ジャッラのマリーザさんが定年退職で去ってしまったのです。その後しばらく閉鎖されていたところもあったのですが、幸いなことに後継者が育って、次の世代が引っ張っています。

このような施設が市の教育の一貫性と統合性を強化していることの意義は大きいと思います。

このあとの項で、それぞれのアレア・バンビーニの活動について述べたいと思います。

67 「アレア・ブルー」のアートプロジェクト

美術がテーマのアレア・ブルーは、午前中は幼児学校と小学校の子どもと担任の教師をクラス単位で受け入れて、教育活動を行っています。それは、3か月1クールの連続的なアートプロジェクトによる活動です。

プロジェクトは次のような過程でつくられます。まず教育コーディネータとアレア・ブルーの教師アンジェラ・パランドリさんが一年単位のプロジェクトの大まかなテーマを決めます。次に参加する学校を公募します。ただ、自然についてのアートならば自然環境が身近な学校、町がテーマのときは市街地にある学校というように、そのテーマに取り組みやすい学校には声をかけるそうです。テーマに関心をもつ学校の、クラス単位での応募を受け付け、5〜6校が候補として選ばれます。

活動開始の1年前に、アンジェラさんは候補の学校の教師たちと会合をもち、テーマ、準備期間、準備条件、予算などについて話し合います。この話し合いのなかで、アンジェラさんは、それぞれの学校の特徴を摑んで、具体的なプロジェクト案を個別に提示します。教師たちはそのプロジェクトを強い興味をもって参加するだけの力量と時間があるかを検討します。費やす労力は大きいので、途中で辞退する学校もあるそうですが、最終的には市が4〜5の参加校とクラスを決定します。アンジェラさんの説明によると、「テーマは、子どもたちが、草原で活動する、公園に行くといった具体的なものです。たとえば、モニュメントや自然は私たちの町の文化的な恵みです。私たちの町や地域の特徴を活かしながら活動します」（星他 2014a, p. 131）ということでした。プロジェクトの実施開始までの1年間、この4～5校のクラス担任教師たちが一緒にアンジェラさんと計画を練っていきます。教師たちがお互いに情報交換をし、他の学校の活動の進め方を知ったり助言を与え合ったりと、それは仕事と同時に研修にもなっているのだそうです。

実際の活動が始まると、クラスの子どもたちは担任教師と一緒に3か月間、アレア・ブルーに通います。たとえば、幼児学校の36人のクラスの場合、12人ずつ三つのグループに分かれて、それぞれ週1回通います。また教師たちの合同会議が週1回2時間、進捗状況の検討を行います。さらに教師には隔週で報告書の提出があります。学校内でも活動があり、アレア・ブルーでの3か月間の活動後も年度末まで学校で活動は続くので、教師にはかなりの努力が要りますが、それに見合う充実した教育活動です。

過去の「自然のアートプロジェクト」の例をアンジェラさんに聞きました。

「4つの幼児学校がそれぞれ異なるテーマで1年間行いました。ある学校は、『空の観察』のプロジェクトで、子どもたちは、学校のテラスから、太陽が出ている時や霧が出ている時に空を見て、その変化を観察して描きました。私も一度学校に行って、子どもたちや教師たちと一緒に活動しました。教師たちは、毎日、空を観察するという活動を繰り返さなければなりませんでした。M幼児学校の活動は、『風景』でした。この学校がトスカーナの風景に囲まれたところに位置しているからです。ここでは『風景のことば』についての作品を制作しました。郊外にある学校では、いろいろな植物を知るために苗木畑を訪ねました。C幼児学校はバラの苗木畑に近いところにあるので、バラ畑でバラの花について学んで、描いたり造形しました。それから、池のある公園に面したP幼児学校は、公園や湖や遊歩道について活動しました。このように共通テーマは『自然』ですが、それぞれの学校独自のテーマは、私たちが一緒に考えました。私たちは、『自然』がインスピレーションや成長や感動の源泉だと考えていますので、自然と向き合うことはすばらしい経験だと信じています。」（星他2014a, pp. 130-131）

アレア・ブルーが市直営で、学校の枠外にある施設であるということが、自由なテーマ設定を可能にします。ですから、学校のなかでは経験できない教育を子どもたちに提供できることは大きな利点です。幼児学校の教師たちも、どんな素材やどんな技法が使えるのか、プロジェクトという形にどのように取り組むのかということを習得します。また他校の教師との交流で発見がたくさんあるそうです。

68

科学と自然を楽しむ「アレア・ヴェルデ」

ピストイア市は穏やかな自然に恵まれており、教育施設の子どもたちは頻繁に森や川に探索に行きます。木々を楽しみ、草を摘んで持ち帰り、それを使って造形をしたり、観察したりします。そこから想像を発展させることもします。自然に対する科学的知識を学ぶのに貢献しているのが、アレア・ヴェルデです。アレア・ヴェルデは科学がテーマのアレア・バンビーニで、特に動植物の採集や観察に力を入れています。アレア・ヴェルデには、ヴィットリオ・トリンチさんという万年科学少年のような人がいました。彼は中学校の教師からこの職場に移ってきて、動物や植物のたくさんの標本、資料や文献を集め、小博物館にしました。観察や観測、採集のための道具もいろいろ発明し自作しました。虫取りの道具、ごく小さな生き物を採集する道具、川で昆虫を取る道具、虫を見るための大きなルーペ。傘でプラネタリウムまで製作しました。いろいろなプロジェクトも考案しました。小学校や幼児学校の子どもたちが担任の教師に連れられて定期的に通ってきました。たとえば草原に行ってヴィットリオさんの発明した道具で極小の虫を採集し、顕微鏡で観察し資料で調べます。目を輝かせて話すヴィットリオさんの説明を聞いていると、科学の魅力にとりつかれて次世代の科学者が育ちそうです。また、彼と共に働いていたエリザベスさんは美術にも詳しい人で、自然が

描かれた美術作品の複製をたくさん集めていて、子どもたちは科学的な観察と実験のあとで、美術作品に描かれた美しい自然物を鑑賞したり絵に描いたりといった活動をしていました。科学と美術の組み合わせというところが、いかにもピストイアらしい発想です。

残念ながら、私たちが一回話を聞いたあと、ヴィットリオさんは定年退職してしまいました。彼の引退のあと、彼に匹敵する後継者が見つからず、アレア・ヴェルデはしばらく閉鎖していましたが、エリザベスさんが再開しました。ヴィットリオさんの博識には及びませんが、生物を顕微鏡で見たり図鑑で調べたり、美術作品のなかに登場する植物を調べたりと、活動を行っています。

アレア・ヴェルデの自然への向かい方は、あくまでも科学の目で探求する対象としての自然です。同じ建物にあるマリノマリーニ幼児学校の子どもたちは、ドア一つでアレア・ヴェルデを利用できると同時に、郊外の丘陵地に位置するという環境の恵みを受けています。周囲の豊かな自然との関わりが日々の生活のなかに息づいています。自然のなかにいる野生動物との関わりについては、別項（No.47）で述べました。しかし、動物を飼うことはしていません。立派な温室があり、植木鉢に苗を植えて水やりを定期的にしますが、園庭は広いのに、畑を作って植物や野菜を育てることはせず、土に触らずに植木鉢で育てています。動物とも植物とも直接身体をあまり触れずに、距離を置いているように見えます。それが衛生上の理由なのか、自然は教材という考えからなのかは、分かりませんが。

このようなことから、私は自然についての考え方の日本との違いを感じます。イタリアに限らず保育園をたくさん見てきたフランスでも、自然は客観的に見るもの、教材であり、利用するもの、という考えです。神と人間の関係が中心であり、自然は制御するものというキリスト教文化の考えからでしょうか。また日本ほど自然災害が多くなく、制御できてきた歴史があるからかもしれません。日本では、自然は人間ではどうにもできない強大な力であり、人間はそのなかの小さな一つだという考えが根付いています。日本の自然信仰に由来する伝統的な子ども観のなかに、「子どもは風の子」のように、子どもは自然と一体だという考えがあります。水のなかに入り、泥んこになり、植物を育て、動物を飼って友達のように親しむ日本の保育園・幼稚園は、深いところで日本の伝統的な宗教観の表れであり、自然との親和感を育むものです。

このように、ピストイアの自然についての教育に感心しながらも、日本の乳幼児教育施設での自然の向き合い方を改めて認識しました。大人が自然環境破壊を簡単にしてしまう現代の日本にあって、乳幼児教育のなかで受け継がれてきたこれらの活動を大切にしたいと思いました。

69 民話を語る「アレア・ジャッラ」

アレア・バンビーニを特定の教育テーマをもつ教育施設として創設することが決まったとき、どんなテーマにするかの決定手順はユニークでした。まず、市内で子どもに向けてすぐれた活動をしている人がピックアップされ、その人の活動に沿ったテーマで整備がなされたのです。アレア・ジャッラにはマリーザ・スキアーノさんが選ばれて、物語と演劇がテーマになりました。小さな舞台のある部屋が二つと子どもたちが床に座ってお話を聴く部屋が設えられました。

マリーザさんは民話を語るスペシャリストです。彼女が定年退職する前に私たちはその活動を見せてもらいました。

彼女は幼いとき、民話やおとぎ話を聴くのが大好きだったそうです。若いときは俳優になりたかったのですが、シャイな性格で舞台は無理だと思い、小学校の教師をしながら、自身のお祖母さんやお年寄りから民話を聞き書きし、文献を調べて民話を集め、それを語る活動を長年行ってきました。

アレア・ジャッラの一室で、マリーザさんはスクリーンを背景に椅子に座り、その前に子どもたちが床に座ります。部屋を少し暗くして、スクリーンには色だけが映ります。読み聞かせではなく、何も持たない

「語り」で、視覚的な要素は小さいゼスチャーだけです。子どもたちは彼女の語りにまさに惹きつけられて動かず、目を逸らすことがありません。終わったときに、フーッと息をはいて、子どもたちは現実の世界に戻ります。

なぜ民話を聞かせるのか。マリーザさんはその意義を次のように説明しました。

「民話を聞く楽しみを与えるためには、無償でなければなりません。子どもたちに見返りを求めてはいけません。私が『登場人物は誰ですか？ どんなことが起こりましたか？ その後に何が起こりましたか？ 別のお話をしましょう。お話の始まりはこうです。続きを作ってみましょう』と言ったとしたら、子どもたちは二度とお話をしてほしいとは言わなくなるでしょう。民話の語りは、文学的な面だけでなく、感情的に愛情の面でも、子どもたちに栄養を与えます。子どもはどうしてこんなにもおとぎ話が好きなのでしょう。昔話と同じくらい子どもを惹き付ける現代のお話は一つもありません。ですから、お話を聞く楽しみを子どもたちに与えるために民話を語り聞かせます。それについて話したり深めていくかどうかは、子どもたちに任せます。」（星他2014a, p. 140）

アレア・ジャッラは、午前中は、幼児学校や小学校からクラス単位で受け入れます。前年度にアレア・ジャッラは市内の幼児学校と小学校におおまかな年間計画を提示します。学校の教師が申し込み、許可されると、教師、マリーザさんともう一人の職員アンナ・パウラさんが共同で活動のプログラムを決めます。週1回で4～6回、2～3か月で1クールのプログラムです。当日、子どもたちは教師に引率されてやってきます。どの回にもマリーザさんの民話語りが一つ入ります。その後で、子どもたちは造形活動をしたり、舞台で好きなように演じてみたりします。

「今日の幼児学校のグループは5回目ですが、1回目は、私がまずお話を語って聞かせ、そのあとで、子どもたちはお話の中で一番気に入った場面を小さな四角い紙に描きました。またいろいろな素材を使ってコラージュをしました。2回目と3回目には、やはり私のお話のあとで、印象に残った登場人物や物を小さな冊子に描きました。それから、登場人物のシルエットを厚紙で作って、人形劇のように動かして遊びました。子どもたちはリサイクルの素材で仮装をしました。たとえば、マントには復活祭の卵形のチョコレートを包む光る色紙を、魔法の杖にはティッシュペーパーの長い筒を使いました。今朝は最後の5回目で、子どもたちは家から靴の箱を持って来て、箱を舞台に見立ててお話を作り、自由に登場人物を紙に描き、切り抜いて貼りました。」

（星他 2014a, pp. 138-139）

マリーザさんが退職して後継者がいなかったので、アレア・ジャッラでの民話語りは彼女で終わりになってしまい、次の職員の専門である異文化の人たちとの交流プログラムに変わってしまいました。それはそれで良いのでしょうが、テーマより人のアレア・バンビーニの少し残念な点でもあります。

70 子育て支援施設「アレア・ロッサ」

イタリアの法律では、産後休暇は3か月、それに続く5か月間の育児休業の後、部分的育児休業を子どもが8歳（2022年からは12歳）になるまでにいつでも、両親それぞれに6か月分（10か月まで延長可）とることができます。ただし、ピストイア市では、保育園で子どもを生後3か月から受け入れるところはあまり多くありません。市立保育園も半数だけです。保育園に行っていない子どもは、親が育休中でなければ、日中には祖父母の家にいる子が多いそうです。たしかに、街なかでも、ベビーカーを押して歩く祖父母世代の人を見かけます。しかし、祖父母世代も働いたり趣味を楽しんだりしているので、かれらに子育てを手伝ってもらえる時間も減っています。ベビーシッターはあまり普及していません。

また、イタリアが抱えている課題に、ヨーロッパで最も低出生率だということ、さらには移民家族の増加があります。母親たちの孤立、孤独感、育児の相談相手がいない不安はイタリアでも大きな問題になっています。乳児の世話を家族に頼らずに、公的に取り組むべきだという声は、切実な要求です。

育休中の母親や家で育児をしている親が利用できる子育て支援施設は、イタリア全体では「子どもと親のセンター」または「親子の遊び空間」という名で呼ばれています。ピストイア市の場合、その唯一の子育て

支援施設がアレア・ロッサです。ここは「空間は子どもや子どもの発達についての考えを具現化するものでなければならない」という市の方針を具体化した典型的な場所と言えます。アレア・ロッサの空間とそこにある物は、開設からの職員だったビーチェさん、ステファニアさんたちが、乳児とその家族のベネッセーレ（幸せ、ここちよさ）を形にした場所なのです。

アレア・ロッサは0～3歳児とその養育に当たる人（親、祖父母など）に週2回開かれていて、登録の上、自由に利用できます。子どもについては、他児と接する社会化の機会と、親や祖父母とゆったり遊ぶ経験が提供されています。親や祖父母については、大人同士の自由な話し合いで意見を交換できるほか、職員に話を聴いてもらう、相談に乗ってもらうなどの支援を受けることができます。

建物は、丸屋根の2階建て一軒家で、階下は、張り出した天井と壁全面のガラスがサンルームのように明るい光を室内に入れています。壁・ソファ・クッション・遊具のパステルカラーの色遣い、隣のミシン室で作られるタペストリーや人形などと、ピストイアの「よい趣味」が満載です。玄関に置かれた手作りのテーブルクロスは、来所の親や祖父母が刺繍で模様を加えていっており、まだまだ完成にはならないそうです。隣はアートと子どもを繋げた公園なので、そこで遊ぶこともできます。

私たちは、訪問するたびに、温かく穏やかな空気が親子を包んでいることに感銘を受けました。子どもたちはキルティングの絨毯の上で遊び、母親たちは床に丸く座って、親同士や職員と子育てについて話し合い、アドバイスを受けます。職員たちは、笑顔を絶やすことなく、相談をもちかけた母親の子どもを膝に抱いて熱心に耳を傾けていました。その姿は日本の子育て支援施設と何ら変わりはありません。

ある日には、一人の赤ちゃんの誕生日で、両親の他におじいちゃんも一緒に来て、お孫さんが他の赤ちゃんとやりとりする様子をカメラに収めていました。

適材適所のアレア・バンビーニですが、アレア・ロッサも温かさと美的感覚をもった人が職員として適所に配置されたのだと思います。部屋の隅々にまたその運営に、職員の熱意と利用する人々への優しさがこもっているのが分かります。それは予算を充分かけて豪華に、ということではなく、壁とカーテンの色とクッションの配色、テーブルクロスの模様のような、選択にどれくらい配慮するかの問題です。職員に相談したり親同士が楽しく語り合いたくなる環境にはどんな要素が望ましいのかが計算されており、改めて施設の機能をどう環境に具現化するかを考えさせられます。子育て支援施設の設備に必要なのは、絵本や玩具や絨毯やソファだけではなく、若い母親が建物に入った瞬間から「あなたを温かく迎えますよ。リラックスして楽しんでくださいね」というメッセージを受けとれる環境なのです。親たちに寄り添うことは、職員の方々の接し方だけに頼るのではなく、環境設定への配慮でもできるのだと、教えられました。

おわりに ～ピストイアの教育を日本の教育・保育にどう生かすか～

ピストイアの教育を日本の教育・保育にどう生かすことができるでしょうか。

これまで述べてきたピストイアの教育には、目玉というべきものが特にあるわけではありません。「○○メソッド」として取り入れるようなことはありませんし、特別に開発されたツールもありません。ごく平凡に毎日の生活をしているだけです。

しかし、日本のどの幼稚園でも保育園でもこども園でも子どもたちは普通に日常を生きています。その日常が子どもたちにとって充実し、もっている力を十全に発揮できることを、たいていの園では大切にしておられると思います。その意味で、ピストイアの教育は、どの園にも生かすことのできる面がたくさんあると信じています。

もう一度、ピストイアの教育を振り返って、簡単にまとめます。

○能動的にまわりに働きかける有能な力をもつという子ども観
○遊びを中心としたホリスティックな教育
○子どもから始まる教育、教師は支える役割
○ここちよく落ち着いた環境を通した教育

○生活のあらゆる局面での教育
○審美感の涵養を人間形成の根源とする考え
○子ども同士、子どもと教師、教師同士、教師と親の協働
○ドキュメンテーションの重視
○教育コーディネータの役割
○地域ネットワークのなかの教育施設

子ども中心、遊びを中心とした教育、環境を通しての教育ということは、日本の幼稚園教育要領、保育所保育指針、こども園教育保育要領と共通の基本理念ですし、遡れば、倉橋理論とも通じます。この意味でも、日本の教育・保育に生かせる点が多いのではないか、と思います。

これまで、私たち3人（上垣内、向井、星）は、ピストイアの教育を日本の保育者の方々に紹介して、どう生かせるかを一緒に考えてきたのですが、実際に、日本の保育と共通するところがあるので、親しみやすいという感想が聞かれました。それは、日本の教育・保育の実践を考える機会になりました。

日本の保育園・幼稚園の先生方に紹介する外国の事例は、悪い事例では意味がありませんから、たいていは優れた事例です。そうすると、先生方からしばしば最初に出るのは、うらやましいが自分たちはそんなに良い条件にはいない、という反応です。ピストイアの場合も最初は、教師の働き方も余裕があるし、環境も素晴らしいし、予算はあるし、自分たちとは違う、という反応でした。しかしすぐ次に、自分たちが変えられることは何だろうか、という建設的な意見が出ました。たとえば、ピストイアでは落ち着いた環境に配慮

していると聞いて、自分たちも視覚的な刺激を減らすともっと静かになるかもしれない、という意見が出ました。

ピストイアの教育がいわば鏡となって、自身の教育・保育を少し新しい目で見る、整理する、新しいアイディアを得る、あるいは実はやっていると再認識することができるのではないでしょうか。「まず子どもから始まる」という視点で見ると、子どもがどんな思いをもって遊んでいるかが見えて、保育が楽しくなるという意見も出ました。

乳幼児教育についてのピストイア市の行政で、私が将来的に日本に設置されると良いと思うのは、教育コーディネータに相当するポストです。ピストイアほど八面六臂でなくても、事務作業の援助とトラブルの仲介役だけでも、大いに保育者の負担軽減になるのではないでしょうか。

最後に付け加えたいのは、乳幼児教育も社会の情況の影響を受けて変わるということです。ピストイア市も例外ではありません。イタリアの教育省が0歳から6歳までの教育に一貫性をもたせるという0～6歳統合政策を採用したこと、したがって3歳未満児の教育に国の教育省が関わることになったのは、最近の大きな発展です。一方で、ピストイア市についていえば、コロナ禍や国全体の不景気によって予算の削減は避けられず、また選挙の度に市長が誰になるかは教育関係者が注目していることです。市長が代わると市役所の方針が変わる可能性があるからです。現場の教師たち、教育コーディネータたちが、質を維持し向上するために常に奮闘していることも、忘れてはならないと思います。

この十数年に出会い親交を深め、省察を得られたのは、ピストイアの乳幼児教育にかかわる方々が、私たちを温かく迎えて、たくさんの知見を与えて下さったおかげです。以下の方々に深い感謝を捧げます。

ピストイア市役所の方々：アンナリア・ガラルディーニさん（元乳幼児教育局長）、ソニア・イオゼッリさん（元初等教育局長）。教育コーディネータ：ドナテラ・ジョヴァンニーニさん、ラウラ・コンティーニさん、アントニア・マスティオさん。幼児学校：マリオマリーニ幼児学校、フィラストロッカ幼児学校、コッチネラ幼児学校の教師の方々、アルガ・ジャコメッリさん（元フィラストロッカ教師）。保育園：ラゴマゴ保育園、イルファーロ保育園、イルグリロ保育園、イルソーレ保育園、ムリノ保育園の教師の方々、ガブリ・マグリーニさん（元ラゴマゴ保育園教師）。アレア・バンビーニ：アレア・ブルー（アンジェラ・パランドリさん）、アレア・ヴェルデ（ヴィットリオ・トリンチさん）、アレア・ジャッラ（マリッサ・スキアーノさん、アンナパオラ・バルディさん）、アレア・ロッサ（ビーチェさん、ステファニアさん）。国立認知科学研究所：トゥーリア・ムザッティさん、イザベラ・ディ・ジャンドメニコさん、マリークリスチーヌ・ピッチオさん、スザンナ・マイヤーさん。フランスの関係者：シルヴィ・レイナさん（フランス第13大学）、フランス保育研修機関Le Furetの方々。

最後に、共同研究をともに担ってきた上垣内伸子さんと向井美穂さん（いずれも十文字学園女子大学教授）に、最も深い謝意を表します。

星　三和子

引用文献

Becchi, E.（ed.）（2010）*Una pedagogia del buon gusto*, Franco Angeli, Milano.

Cappellini, D., Giovannini, D., & Contini, L.（2021）Trente ans d'accueil de visiteurs et stagiaires dans les structures de la petite enfance de Pistoia. In Pinard, F., Rayna, S., & Brougère, G.（eds.）*Voyager en petite enfance*, Edition Erès, Toulouse, pp. 269-292.

Comune di Pistoia（2007）*Per Mano*, Edition Gli Ori, Pistoia.

Contini, L.（2020）Accueil des familles étrangères. In Galardini, A., Giovannini, D., Iozelli, S., Mastio, A., Contini, L., et Rayna, S., *Pistoia, une culture de la petite enfance*, Edition Erès, Toulouse, pp. 99-116.

Edward, C. & Gandini, E.（2008）Filastrocca Preschool in Pistoia, Italy, *Faculty Publication of Department of Child, Youth and Family Studies*, University of Nebraska, pp. 1-11.

Galardini, A.（2001）*Les services pour l'enfance à Pistoia et la formation des équipes*. Paris, mai, IES Ville de Paris.

Galardini, A. & Giovannini, D.（2001）Pistoia: Creating a Dynamic Open System to Serve Chldren, Families and Community. In Gandini, L. & Edwards, C.（eds.）*Bambini, the Italian Approach to Infant/Toddler Care*, Teacher College Press, New York, pp. 89-108.

Galardini, A. L.（2003）L'asilo nido nell'experienza italiana. In Galardini, A.（ed.）*Crescere al Nido*, Carocci editore, Roma, pp. 18-28.

Galardini, A.（2005）La capacita di meravigliarsi, *Scuola dell'infanzia*, 11, pp. 45-47.

Galardini, A.（2007）De nouveaux services pour la petite enfance en Italie. In Rayna, S. & Belan, S.（eds.）*Quel accueil demain pour la petite enfance*, Edition Erès, Toulouse, pp. 101-106.

ガラルディーニ、A（2007）「ピストイアの保育サービスネットワーク」日本保育学会第60回大会準備委員会企画事業報告集、16 - 25頁。

Galardini, A.（2008）Pedagogista in Italy, *Children in Europe*, 15, pp. 18-19.

Galardini, A.（2020a）Les enfants et la culture, *Le Furet*, 96, pp. 24-25.

Galardini, A.（2020b）A Pistoia: cultiver la qualité. In Galardini, A., Giovannini, D., Iozelli, S., Mastio, A., Contini, M., et Rayna, S., *Pistoia, une culture de la petite enfance,* Edition Erès, Toulouse, pp. 29-54.

Giacomelli, A. & Palandri, A.（2007）Rapprensentare la citta. In Comune di Pistoia, *Per Mano*, Edition Gli Ori, Pistoia, Italia, pp. 21-23.

Giandomenico, I., Musatti, T., & Picchio, M.（2013）Participer à l'évaluation de la qualité des modes d'accueil de la petite enfance: pourqoui, qui et comment ?. In Rayna, S. & Bouve, C.（eds.）*Petite enfance et participation*, Erès, Toulouse, pp. 275-283.

Giovannini, D.（2003a）I bambini tra loro: la vita de gruppo nel nido. In Galardini. A.（ed.）*Crescere al nido, Carocci editore*, Roma, pp. 87-106.

Giovannini, D.（2003b）Le attivita al nido. In Galardini, A.（ed.）*Crescere al nido*, Carocci editore, Roma, pp. 113-123.

Giovannini, D.（2006）The pleasure of eating, *Children in Europe*, 10, pp. 10-13.

Giovannini, D.（2020）La cordination pedagogique. In Galardini, A., Giovannini, D., Iozelli, S., Mastio, A., Contini, M., et Rayna, S., *Pistoia, une culture de la petite enfance,* Edition Erès, Toulouse, pp. 133-154.

星三和子・上垣内伸子・向井美穂（2014a）「イタリア、ピストイア市の協働による統合的な乳幼児教育―インタヴュー調査資料集―」科学研究費助成（平成24～26年度）「幼保一体化に向けた協働的・統合的保育モデルの検討：海外事例の分析と日本への示唆」研究報告書。

星三和子・上垣内伸子・向井美穂（2014b）「イタリア、ピストイア市の統合的な乳幼児教育：『素材』を使った教育活動の発達的意義」『名古屋芸術大学研究紀要』35、３１３－３３０頁。

星三和子・上垣内伸子・向井美穂（2015）「イタリア、ピストイア市の協働による統合的な乳幼児教育―調査報告書―」科学研究費助成（平成24～26年度）「幼保一体化に向けた協働的・統合的保育モデルの検討：海外事例の分析と日本への示唆」研究報告書。

Iozelli, S.（2020）L'enfant dans et hors de la ville. In Galardini, A., Giovannini, D., Iozelli, S., Mastio, A., Contini, M., et Rayna, S., *Pistoia, une culture de la petite enfance*, Edition Erès, Toulouse, pp. 117-132.

ISTAT（Istituto Nazionale di Statistica）（2020）Nidi e servizi educativi per l'infanzia. https://www.istat.it/it/files/2020/06/report-infanzia_def.pdf.

Magrini, G. & Gandini, L.（2001）Inclusion: Dario's Story. In Gandini,L & Edwards, C.（eds.）*Bambini, The Italian Approach to Infant/toddler Care*, Teacher College Press, New York, pp.152-163.

Mastio, A.（2020）Continuité des expériences des enfants et participation des familles. In Galardini, A., Giovannini, D., Iozelli, S., Mastio, A., Contini, M., et Rayna, S., *Pistoia, une culture de la petite enfance*, Edition Erès, Toulouse, pp. 77-98.

Musatti, T. & Mayer, S.（2011a）Sharing Attention and Activities among Toddlers: The Spatial Dimension of the Setting and the Educator's Role, *European Early Childhood Education Research Journal*, 19（2）, pp. 207-221.

Musatti, T. & Mayer, S.（2011b）Educare dans le nido: Comment tisser une tapisserie avec beaucoup de fils, *Enfants d'Europe*, 30, pp. 4-5.

Musatti, T., Giovannini, D., Mayor, S., & Group Nido Lagomago（2013）How to Construct Curriculum in Italian Nido. In Miller, L. & Cameron, C.（eds.）*International Perspectives in the Ealy Years,* Sage, London, pp. 85-110.

Musatti, T., Picchio, M., & Mayer, S. (2016) Continuous Professional Support and Quality: The Case of Pistoia. In Vandenbroeck, M., Urban, M., & Peteers, J. (eds.) *Pathways to Professionalism in Early Childhood Education and Care*, Routledge, London, pp. 43-56.

Musatti, T., Giovannini, D., Picchio, M., Mayer, S., e Giandomenico, I. (2018) *Stare insieme, conoscere insieme*, Parma, Editioni junior.

Picchio, M. & Musatti, T. (2010) La culture de l'éducation de la petite enfance en Italie. In *Revue internationale d'éducation de Sèvres*, 53, pp.101-108.

Picchio, M., Giovannini, D., Mayer, S., & Musatti, T. (2012) Documentation and Analysis of Children's Experience: An Ongoing Collegial Activity for Early Childhood Professionals, *Early Years*, February, pp. 1-12.

Picchio, M., Di Giandomenico, I., & Musatti, T. (2014) The Use of Documentation in a Participatory System of Evaluation, *Early Years*, March, pp. 1-12.

Semeria, P. (2014) La magie de mon séjour à Pistoia ; quelles pistes pour l'accueil familial ?. In Rayna, S., Bouve, C., et Moisset, P. (eds.) *Pour un accueil de qualité de la petite enfance: quel curriculum ?*, Erès, Toulouse, pp. 137-151.

◎著者紹介

星　三和子（ほし みわこ）HOSHI Miwako
東京大学大学院教育学研究科博士課程単位取得退学。十文字学園女子大学名誉教授、名古屋芸術大学名誉教授。専門は、発達心理学、保育の国際比較。

[主要著書・論文・訳書]

Hoshi-Watanabe, M.（2010）« Jeu et éducation des tout-petits dans les crèches japonaises » dans Rayna, S. & Brougère, G.（eds.）*Jeux et cultue préscolaire*. Institut National de Recherches Pégagogiques, pp. 129-157, Lyon, France.

Hoshi-Watanabe, M.（2010）« Culture préscolaire et nouveaux défis au Japon » *Revue internationale d'éducation de Sèvre*, 53, pp. 55-64.

Hoshi-Watanabe, M.（2016）Les pratiques professionelles de soutien des mères dans les Chiiki Kosodate Shien Kyoten au Japon. *La revue international de l'education familiale*, 4, pp. 103-124.

星三和子（2021）「イタリアの乳幼児教育の動向―0歳から6歳の統合制度をめぐって―」『保育学研究』第59巻第2号、pp. 101-112.

『子どもの描画――なぐり描きから芸術まで』（単訳、ハワード・ガードナー著、誠信書房、1996年）

『OECD保育白書――人生の始まりこそ力強く：乳幼児期の教育とケア（ECEC）の国際比較』（共訳、OECD編著、明石書店、2011年）

『OECD保育の質向上白書――人生の始まりこそ力強く：ECECのツールボックス』（共訳、OECD編著、明石書店、2019年）

『デジタル時代に向けた幼児教育・保育――人生初期の学びと育ちを支援する』（共訳、アンドレアス・シュライヒャー著、経済協力開発機構（OECD）編、明石書店、2020年）

『OECDスターティングストロング白書――乳幼児期の教育とケア（ECEC）政策形成の原点』（共訳、経済協力開発機構（OECD）編著、明石書店、2022年）

イタリア・ピストイアの乳幼児教育

子どもからはじまるホリスティックな育ちと学び

2023年5月16日　初版第1刷発行

著　者　星 三和子

発行者　大江 道雅

発行所　株式会社 明石書店

〒101-0021
東京都千代田区外神田 6-9-5
電 話　03（5818）1171
FAX　03（5818）1174
https://www.akashi.co.jp/
振 替　00100-7-24505

装丁：谷川のりこ
組版：朝日メディアインターナショナル株式会社
印刷・製本：モリモト印刷株式会社

（定価はカバーに表示してあります）　ISBN 978-4-7503-5570-2